KB045543

마법천자문
과학 퀴즈북
이울북 초등교육연구소 지음
6
생물과 에너지

이 책의 구성

생물과 에너지에 관련된 〈털과 꼬리〉, 〈자연의 이름〉, 〈물리와 화학〉, 〈생활 속 과학〉의 4개 라운드로 구성되어 있습니다.

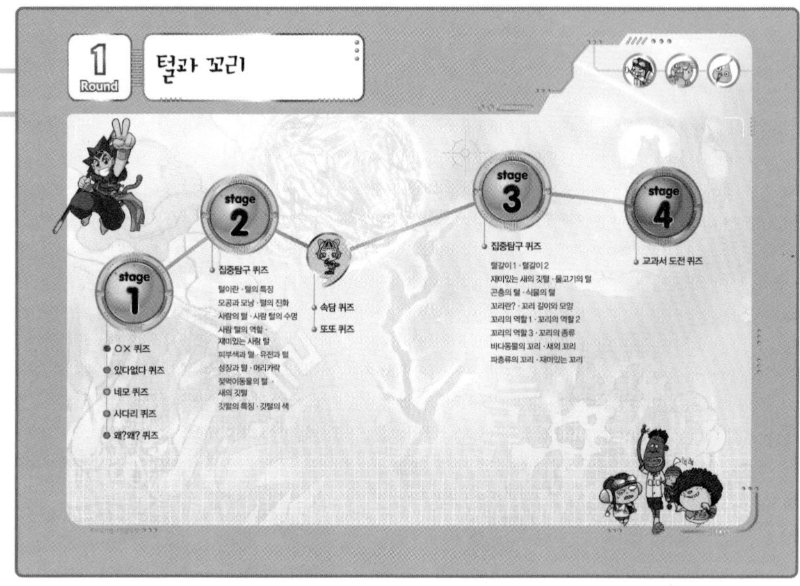

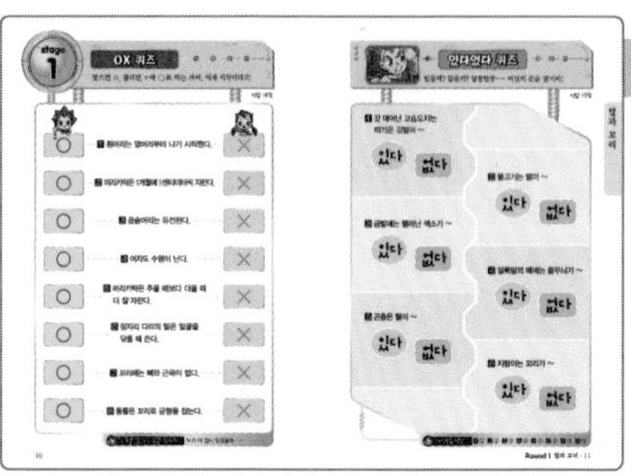

Stage 1

OX 퀴즈, 있다없다 퀴즈, 네모 퀴즈, 사다리 퀴즈, 왜?왜? 퀴즈 등 다양한 퀴즈로 주제에 대한 흥미를 유발하는 단계입니다.

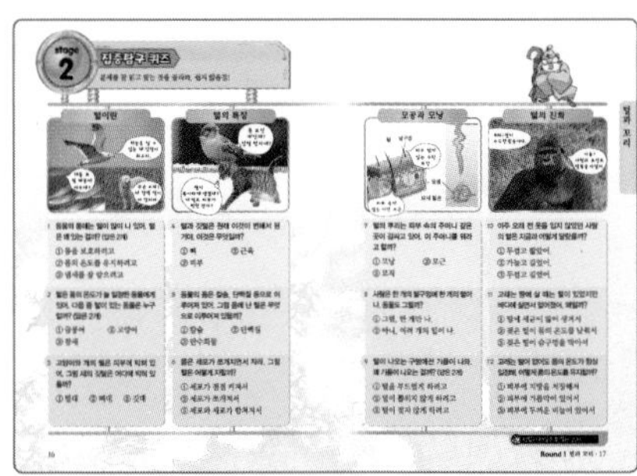

Stage 2

각 주제에서 꼭 알아야 내용 48가지를 퀴즈를 통해 재미있게 알아가는 단계입니다.

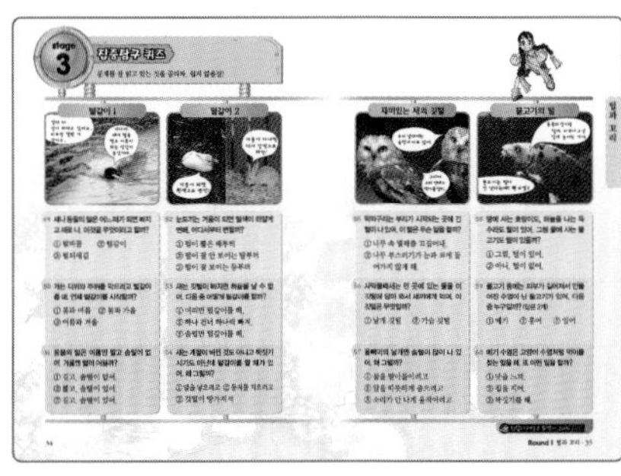

Stage 3

각 주제에서 꼭 알아야 내용 48가지를 퀴즈를 통해 재미있게 알아가는 단계입니다.

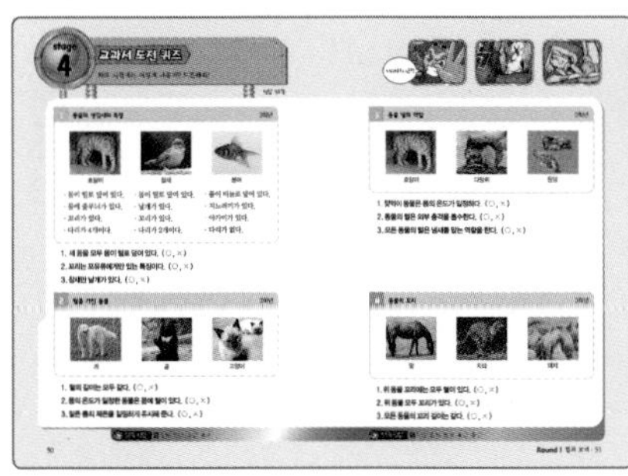

Stage 4

각 주제에 대한 교과서 내용을 간단한 O× 퀴즈, 네모 퀴즈 등으로 풀어보는 단계입니다.

차례

Round 1 - 털과 꼬리

stage 1

stage 2

stage 3

stage 4

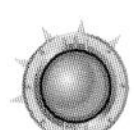

Round 2 - 자연의 이름

stage 1

stage 2

집중탐구 퀴즈

쉬어가기

stage 3

집중탐구 퀴즈

stage 4

차례

Round 3- 물리와 화학

stage 1

stage 2

집중탐구 퀴즈

쉬어가기

stage 3

집중탐구 퀴즈

stage 4

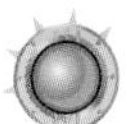

Round 4- 생활 속 과학

1 Round

털과 꼬리

- O× 퀴즈
- 있다없다 퀴즈
- 네모 퀴즈
- 사다리 퀴즈
- 왜?왜? 퀴즈

stage 2

- 집중탐구 퀴즈

털이란 · 털의 특징
모공과 모낭 · 털의 진화
사람의 털 · 사람 털의 수명
사람 털의 역할 · 재미있는 사람 털
피부색과 털 · 유전과 털
성장과 털 · 머리카락
젖먹이동물의 털 · 새의 깃털
깃털의 특징 · 깃털의 색

- 속담 퀴즈
- 또또 퀴즈

stage 3

집중탐구 퀴즈

교과서 도전 퀴즈

OX 퀴즈

맞으면 ○, 틀리면 ×에 ◯표 하는 거야. 이제 시작이라고!

정답 12쪽

○ … **1** 흰머리는 옆머리부터 나기 시작한다. … ×

○ … **2** 머리카락은 1개월에 1센티미터씩 자란다. … ×

○ … **3** 곱슬머리는 유전된다. … ×

○ … **4** 여자도 수염이 난다. … ×

○ … **5** 머리카락은 추울 때보다 더울 때 더 잘 자란다. … ×

○ … **6** 잠자리 다리의 털은 얼굴을 닦을 때 쓴다. … ×

○ … **7** 꼬리에는 뼈와 근육이 없다. … ×

○ … **8** 동물은 꼬리로 균형을 잡는다. … ×

각 쪽을 잘 보고, 답을 맞춰 봐. 누가 더 많이 맞췄을까……

있다없다 퀴즈

있을까? 없을까? 알쏭달쏭~~ 비밀의 문을 열어봐!

정답 13쪽

1 갓 태어난 고슴도치는 따가운 깃털이 ~

없다

2 물고기는 털이 ~

없다

3 금발에는 멜라닌 색소가 ~

없다

4 얼룩말의 배에는 줄무늬가 ~

있다

없다

5 곤충은 털이 ~

없다

6 지렁이는 꼬리가 ~

없다

14-15쪽 정답 1 ② 2 ② 3 ① 4 ③ 5 ② 6 ② 7 ③ 8 ③

네모 퀴즈

네모 안에 들어갈 말은 뭘까? 답은 둘중 하나!

정답 14쪽

1 사막의 모래를 막아주는 낙타의 속눈썹은 [ ] 두 겹으로 나 있다. …… 길게 / 짧게

2 고양이가 몸을 핥다가 삼킨 털은 똥과 [ ]으로 나와. …… 기침 / 콧물

3 동물의 털은 [ ]가 변한 것이다. …… 피부 / 뼈

4 몸에 난 털 중 가장 가는 털은 [ ]이다. …… 눈썹 / 팔다리의 털

5 돼지는 긴장하면 꼬리를 [ ]. …… 돌돌 만다 / 위로 올린다

6 식물의 털은 [ ]이 변한 것이다. …… 생장점 / 표피세포

7 새끼 펭귄의 털은 [ ]이다. …… 회색 / 흰색

8 새의 몸 끝 꽁무니에 있는 깃털을 [ ]라고 한다. …… 꽁지 / 쌈지

10쪽 정답 1 ○ 2 ○ 3 ○ 4 ○ 5 ○ 6 ○ 7 × 8 ○

사다리 퀴즈

알쏭달쏭 수수께끼! 사다리를 타면 답이 나와.

정답 15쪽

1 따뜻한 땅에서만 자라는 풀은?

2 절대 막을 수 없는 구멍은?

3 아무리 쳐도 아프지 않은 것은?

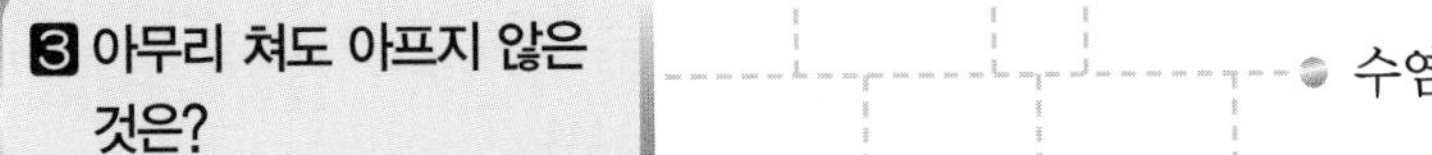

4 물을 주지 않아도 자라는 풀은?

5 쓰면 쓸수록 커지는 것은?

6 뭉치면 살고 흩어지면 죽는 것은?

7 할아버지는 있고 할머니는 없는 것은?

8 어두운 동굴 속에서 자라는 풀은?

- 흰머리
- 꼬리
- 수염
- 근육
- 땀구멍
- 머리카락
- 콧털
- 털

11쪽 정답 1 없다 2 없다 3 있다 4 없다 5 있다 6 있다

왜?왜? 퀴즈

왜? 왜 그럴까? 숨겨진 이유를 찾아봐.

정답 11쪽

1 왜 나이가 들면 희끗희끗 흰머리가 나는 걸까?

① 흰 멜라닌 색소가 많아져서
② 멜라닌 색소를 만들지 못해서
③ 멜라닌 색소가 하얘져서

2 왜 나이가 많지 않은데도 흰머리가 날 까?

① 호르몬이 많아져서
② 영양이 부족해서
③ 햇빛을 많이 받아서

3 왜 고양이는 쥐를 잡을 때 수염을 곤두세울까?

① 움직임을 알 수 있어서
② 냄새를 맡을 수 있어서
③ 소리를 들을 수 있어서

4 왜 수컷 사자는 목에 머리카락 같은 갈기털이 나 있는 걸까?

① 적을 위협하려고
② 얼굴을 보호하려고
③ 암컷을 유혹하려고

12쪽 정답 **1** 길게 **2** 기침 **3** 피부 **4** 팔다리의 털 **5** 돌돌 만다 **6** 표피세포 **7** 회색 **8** 꽁지

● 왜 북극곰은 얼음으로 뒤덮여 있는 곳에서도 미끄러지지 않을까?

① 발톱에 가시털이 있어서
② 발바닥에 털이 있어서
③ 다리털이 발바닥을 덮어서

● 왜 느림보 나무늘보는 오랫동안 움직이지 않으면 눈에 잘 띄지 않을까?

① 털이 초록색으로 변해서
② 털에 이끼가 끼어서
③ 털이 나뭇가지처럼 뻣뻣해져서

● 왜 고슴도치의 가시털은 한 방향으로 나지 않고 사방으로 날까?

① 자기 몸을 찌르지 않으려고
② 새끼를 찌르지 않으려고
③ 적을 잘 공격하려고

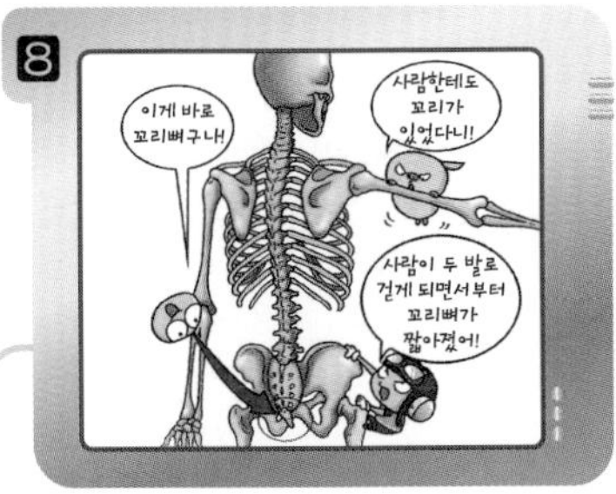

● 왜 사람은 꼬리가 없을까?

① 발톱이 길어져서
② 털이 사라져서
③ 두 발로 걷게 되어서

13쪽 정답 1 털 2 땀구멍 3 꼬리 4 머리카락 5 근육 6 흰머리 7 수염 8 콧털

stage 2

집중탐구 퀴즈

문제를 잘 읽고 맞는 것을 골라봐. 쉽지 않을걸!

털이란

털의 특징

1 동물의 몸에는 털이 많이 나 있어. 털은 왜 있는 걸까? (답은 2개)

① 몸을 보호하려고
② 몸의 온도를 유지하려고
③ 냄새를 잘 맡으려고

2 털은 몸의 온도가 늘 일정한 동물에게 있어. 다음 중 털이 있는 동물은 누구일까? (답은 2개)

① 금붕어 ② 고양이
③ 참새

3 고양이와 개의 털은 피부에 박혀 있어. 그럼 새의 깃털은 어디에 박혀 있을까?

① 털대 ② 뼈대 ③ 깃대

4 털과 깃털은 원래 이것이 변해서 된 거야. 이것은 무엇일까?

① 뼈 ② 근육
③ 피부

5 동물의 몸은 칼슘, 단백질 등으로 이루어져 있어. 그럼 몸에 난 털은 무엇으로 이루어져 있을까?

① 칼슘 ② 단백질
③ 탄수화물

6 몸은 세포가 쪼개지면서 자라. 그럼 털은 어떻게 자랄까?

① 세포가 점점 커져서
② 세포가 쪼개져서
③ 세포와 세포가 합쳐져서

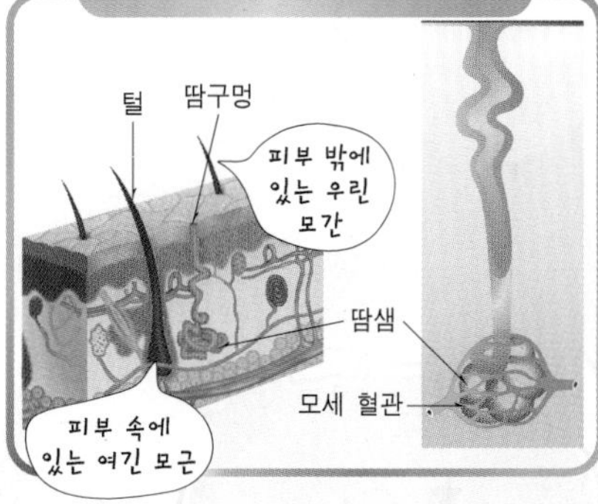

털의 진화

7 **털의 뿌리는 피부 속의 주머니 같은 곳이 감싸고 있어. 이 주머니를 뭐라고 할까?**

① 모낭 ② 모근
③ 모직

8 **사람은 한 개의 털구멍에 한 개의 털이 나. 동물도 그럴까?**

① 그럼, 한 개만 나.
② 아니, 여러 개의 털이 나.

9 **털이 나오는 구멍에선 기름이 나와. 왜 기름이 나오는 걸까? (답은 2개)**

① 털을 부드럽게 하려고
② 털이 뽑히지 않게 하려고
③ 털이 물에 젖지 않게 하려고

10 **아주 오래 전 옷을 입지 않았던 사람의 털은 지금과 어떻게 달랐을까?**

① 두껍고 짧았어.
② 가늘고 길었어.
③ 두껍고 길었어.

11 **고래는 땅에 살 때는 털이 있었지만 바다에 살면서 없어졌어. 왜일까?**

① 털에 세균이 많이 생겨서
② 젖은 털이 몸의 온도를 낮춰서
③ 젖은 털이 숨구멍을 막아서

12 **고래는 털이 없어도 몸의 온도가 항상 일정해. 어떻게 몸의 온도를 유지할까?**

① 피부에 지방을 저장해서
② 피부에 기름막이 있어서
③ 피부에 두꺼운 비늘이 있어서

정답과 해설은 뒤쪽에 있어.

집중탐구 퀴즈 정답 & 해설

털이란

정답 1. ①, ② 2. ②, ③ 3. ③

개나 고양이 같은 젖먹이동물과 새처럼 몸의 온도가 항상 일정한 동물은 몸에 털이 있어요. 특히 하늘을 나는 새의 털은 깃털이라고 해요.
털은 추울 때나 더울 때 몸의 온도를 일정하게 유지해 줘요. 또 외부의 충격을 흡수해서 피부, 뼈, 근육, 내부의 기관 등을 보호해 줘요.
보통 젖먹이동물의 털은 피부에 실처럼 박혀 있어요. 하지만 새의 깃털은 피부에 박혀 있는 깃대에 실처럼 나 있어요.

털의 특징

정답 4. ③ 5. ② 6. ②

고양이 같은 젖먹이동물의 털이나 새의 깃털은 모두 피부가 변해서 만들어졌어요.
가볍고 유연하고 튼튼한 털과 깃털은 케라틴이라는 단백질로 이루어져 있어요. 이 케라틴은 우리 몸의 손톱과 발톱, 피부를 이루고 있는 성분이기도 해요.
털은 피부 아래 모낭이라는 털주머니에서 만들어져요. 모낭 아랫부분의 세포가 쪼개지면서 털이 만들어져 자라게 돼요.

모공과 모낭

정답 7. ① 8. ② 9. ①, ③

피부 겉에 드러나 있는 털을 모간(毛幹)이라고 하고, 피부 속에 묻혀 있는 털을 모근(毛根)이라고 해요. 또 모근을 둘러싼 주머니를 모낭(毛囊)이라고 해요.

털이 나오는 구멍을 모공(毛孔)이라고 해요. 사람은 모공 한 개에서 한 개의 털이 나지만, 동물은 대부분 모공 한 개에서 긴 털 한 개와 짧은 털 여러 개가 나요. 모공에서는 털뿐 아니라 피지라는 기름도 나와요. 피지는 털이 부드럽고 물에 젖지 않게 해요.

털과 진화

정답 10. ③ 11. ② 12. ①

아주 오래 전 사람들은 옷을 입지 않았어요. 그래서 추위를 막고 몸을 보호하기 위해 다른 동물들처럼 몸에 두껍고 긴 털이 아주 많이 나 있었어요.

원래 땅에 살던 고래도 몸에 털이 나 있었어요. 하지만 바다에 살면서 털이 사라지게 되었어요. 온몸을 덮은 털이 물에 젖으면 몸의 온도가 떨어지기 때문이에요. 대신 고래는 피부에 두꺼운 지방을 저장해 몸의 온도를 유지하게 되었어요.

16-17쪽 정답이야.

집중탐구 퀴즈

문제를 잘 읽고 맞는 것을 골라봐. 쉽지 않을걸!

사람의 털

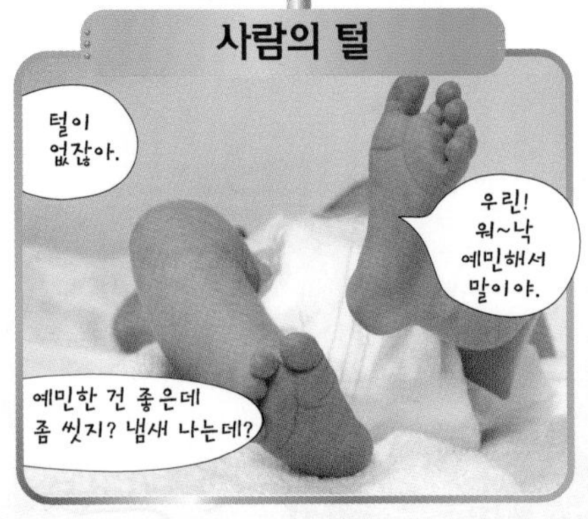

13 사람도 온몸에 털이 나 있어. 털은 모두 몇 개나 될까?

① 약 5만 개
② 약 50만 개
③ 약 500만 개

14 입술엔 털이 나지 않아. 왜 그럴까?

① 감각을 잘 느끼려고
② 피부가 두꺼워서
③ 주름이 많아서

15 입술처럼 털이 나지 않는 곳이 있어. 다음 중 어디일까?

① 손바닥과 발바닥
② 얼굴과 손등
③ 손가락과 목

사람 털의 수명

16 싹둑싹둑 머리카락은 잘라도 자꾸 자라. 머리카락은 1개월에 얼마나 자랄까?

① 1센티미터 정도
② 5센티미터 정도
③ 10센티미터 정도

17 머리카락은 보통 5~6년 정도를 살아. 그럼 속눈썹은 얼마나 살까?

① 3~4주 정도
② 3~4개월 정도
③ 3~4년 정도

18 피부 세포는 수명이 다하면 각질이 돼. 그럼 머리카락은 수명이 다하면 어떻게 될까?

① 비듬이 돼. ② 피부가 돼.
③ 그냥 빠져.

사람 털의 역할

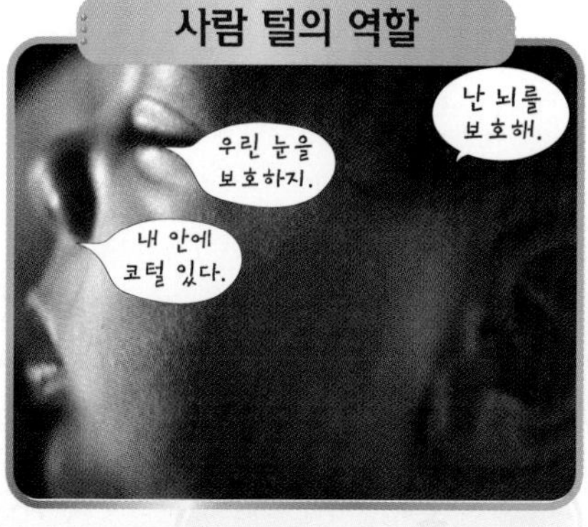

재미있는 사람 털

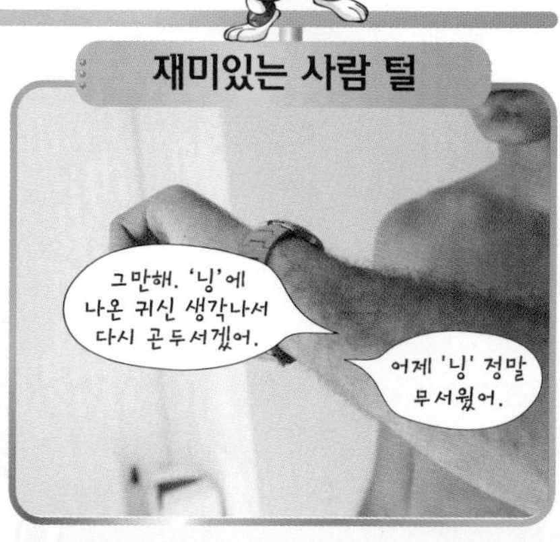

19 가장 길게 자라는 머리카락이 하는 일은 뭘까? (답은 2개)

① 뇌를 보호해.
② 더위와 추위를 막아.
③ 뇌세포를 만들어.

20 눈썹은 땀이나 빗물이 눈에 들어가지 않게 해. 그럼 속눈썹은 무슨 일을 할까?

① 눈을 뜨고 감게 해.
② 눈물이 나오게 해.
③ 눈에 먼지가 들어가지 않게 해.

21 콧속에도 털이 나 있어. 콧속의 털은 무슨 일을 할까?

① 콧속을 따뜻하게 해.
② 먼지와 세균을 걸러 내.
③ 콧물을 만들어.

22 몸에 난 털은 굵기가 달라. 다음 중 가장 가는 털은 무엇일까?

① 머리에 난 머리카락
② 눈썹 위에 난 눈썹
③ 팔다리에 난 털

23 춥거나 무서우면 소름이 돋아서 털이 곤두서기도 해. 어떻게 털이 서는 걸까?

① 찬 공기에 털이 얼어서
② 피지가 굳어서
③ 털 주위의 근육이 움츠려서

24 다음 중 곱슬머리가 생기는 이유는 무엇일까? (답은 2개)

① 털의 단면이 계란형이어서
② 영양 상태가 달라서
③ 모낭 모양이 휘어져서

정답과 해설은 뒤쪽에 있어.

집중탐구 퀴즈 정답&해설

사람의 털

정답 13. ③ 14. ① 15. ①

사람은 동물처럼 길고 굵은 털은 아니지만 온몸에 길고 짧은 털이 나 있어요. 온몸의 털을 모두 합하면 약 500만 개나 돼요.
사람 몸에는 거의 모든 곳에 털이 있어요. 하지만 신경이 많이 모여 있어 예민한 입술과 손바닥, 발바닥에는 털이 없어요. 털이 수북하면 감각을 예민하게 느낄 수 없기 때문이에요. 사람마다 태어날 때부터 모공의 수가 달라요. 그래서 털의 개수도 조금씩 달라요.

사람 털의 수명

정답 16. ① 17. ② 18. ③

우리 몸의 털은 난 곳마다 자라는 속도가 달라요. 그래서 머리카락은 길고 속눈썹은 짧아요.
머리카락의 수명은 남자는 3~5년 정도, 여자는 6~7년 정도이고, 속눈썹은 3~4개월 정도예요. 수명이 다한 털은 어느 정도 자라다 스스로 빠져요.
머리카락은 하루에 0.3밀리미터 정도 자라 1개월이면 1센티미터 정도 자라요. 그리고 속눈썹은 하루에 0.18밀리미터 정도 자라요.

사람 털의 역할

정답 19. ①, ② 20. ③ 21. ②

우리 몸의 털은 다양한 일을 해요. 머리에 난 머리카락은 여름엔 햇빛을 막고, 겨울엔 추위를 막아 머리를 보호해 줘요. 또 머리가 부딪치면 충격을 흡수해 뇌를 보호해 줘요.
눈 위에 난 눈썹은 땀이나 빗물이 눈에 들어가는 것을 막고 햇빛을 가려 줘요. 눈꺼풀에 난 속눈썹은 눈에 먼지가 들어가지 않게 해 줘요.
콧속에 난 털은 먼지와 세균이 기관지에 들어가지 않게 걸러 줘요.

재미있는 사람 털

정답 22. ③ 23. ③ 24. ①, ③

피부에는 머리카락이나 속눈썹 처럼 눈에 보이는 털도 있지만, 아주 짧고 가늘어서 눈에 잘 보이지 않는 털도 있어요.
춥거나 놀랄 때 소름이 돋으면 털을 잡고 있는 입모근이라는 근육이 움츠러들어 털이 곤두서게 돼요.
곱슬머리와 곧은머리는 잘랐을 때 그 모양이 달라요. 자른 모양이 동그랄수록 곧은머리이고, 계란형일수록 곱슬머리예요. 또 모낭 모양이 휘어져 있으면 곱슬머리예요.

20~21쪽 정답이야.

집중탐구 퀴즈

문제를 잘 읽고 맞는 것을 골라봐. 쉽지 않을걸!

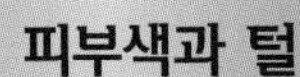

피부색과 털

25 햇빛이 적은 유럽 사람은 대부분 곧은 머리야. 그럼 햇빛이 강한 아프리카 사람은 어떨까?

① 아주 곧아. ② 곱슬거려.
③ 머리 끝만 곱슬거려.

26 아프리카 사람은 곱슬머리여서 머리가 시원해. 왜 그럴까?

① 머리카락이 가늘어서
② 머리카락이 짧아서
③ 머리카락 사이에 공간이 있어서

27 흑인의 머리카락이 검고, 백인의 머리카락이 금색인 건 이 색소의 양이 달라서야. 이 색소는 무엇일까?

① 카토티노이드 색소
② 알라닌 색소 ③ 멜라닌 색소

유전과 털

난 대머리.
우리 마누라는
곱슬머리.

그럼,
우리 아들은
곱슬머리에
대머리?

28 엄마는 곱슬머리이고, 아빠는 곧은머리야. 그럼 아기는 어떤 머리일까?

① 곱슬머리 ② 곧은머리
③ 곱슬머리와 곧은머리의 중간

29 머리가 벗겨지는 대머리는 유전이 돼. 남자와 여자 중 누구에게 유전될까?

① 남자 ② 여자 ③ 둘 다

30 엄마와 아빠가 모두 대머리가 아닌데도 대머리인 사람이 있어. 왜 그럴까?

① 땀이 모낭을 막아서
② 기름이 모낭을 막아서
③ 남성호르몬이 모낭을 막아서

성장과 털

31 사춘기가 되면 목소리처럼 몸의 털도 달라져. 어떻게 달라질까?

① 길이가 짧아져.
② 모양이 동그래져.
③ 굵기가 굵어져.

32 사춘기가 되면 몸에 굵은 털이 나기도 해. 다음 중 어디에 날까?

① 겨드랑이 ② 손가락
③ 발톱

33 사춘기가 되면 여자는 수염과 팔다리 털은 잘 자라지 않고 머리카락은 잘 자라. 왜 그럴까?

① 단백질이 낳아져서
② 여성호르몬이 많아져서

머리카락

34 머리카락은 뽑지 않아도 매일매일 빠져. 하루에 얼마나 빠질까?

① 10~50개
② 50~100개
③ 100~200개

35 머리카락은 추울 때보다 더울 때 더 잘 자라. 왜 그럴까?

① 피가 잘 돌아서
② 땀이 많이 나서
③ 모공이 넓어져서

36 머리카락 한 개로 달걀 한 개를 들 수 있어. 그럼 머리카락 10만 개로는 다음 중 뭘 들 수 있을까?

① 고양이 ② 호랑이
③ 코끼리

정답과 해설은 뒤쪽에 있어.

집중탐구 퀴즈 정답&해설

피부색과 털

정답 25. ② 26. ③ 27. ③

털은 멜라닌 색소가 많으면 어두운 검은색이 되고, 적으면 옅은 갈색이나 금색이 돼요.

멜라닌 색소의 양은 햇빛에 따라 달라요. 그래서 햇빛이 많이 내리쬐는 아프리카 사람의 털은 검은색이고, 햇빛이 적게 내리쬐는 북유럽 사람의 털은 옅은 금색이거나 갈색이에요.

햇빛이 강한 아프리카 사람은 머리카락이 곱슬거려서 머리가 시원해요. 곱슬한 머리카락 사이에 공간이 있어 바람이 잘 통하기 때문이에요.

유전과 털

정답 28. ① 29. ③ 30. ③

엄마와 아빠 중 어느 한 분이 곱슬머리면 아기에게는 대부분 곱슬머리가 유전돼요. 곱슬머리의 성질이 곧은 머리보다 더 강하기 때문이에요.

대머리도 곱슬머리처럼 여자와 남자에게 모두 유전이 돼요. 그런데 대머리는 여자보다 남자가 더 많아요. 대머리는 유전 때문에 생기기도 하지만 대부분 남성호르몬이 모낭을 막아서 생기기 때문이에요.

또 대머리는 스트레스를 많이 받으면 생기기도 해요.

성장과 털

정답 31. ③ 32. ① 33. ②

사춘기가 되면 성호르몬이 많아져 목소리나 몸의 모양이 달라질 뿐만 아니라 코 밑, 턱 밑, 겨드랑이, 생식기 주변에 털이 나기 시작해요.
사춘기에는 남자는 남성호르몬이 많아져 수염과 팔다리에 털이 많이 자라지만, 머리카락은 잘 자라지 않아요. 여자는 여성호르몬이 많아져서 머리카락은 잘 자라지만, 수염과 팔다리 털은 잘 자라지 않아요. 특히 수염은 남자보다 훨씬 짧고 가늘게 자라서 아예 나지 않은 것처럼 보여요.

머리카락

정답 34. ② 35. ① 36. ③

사람의 머리카락은 약 10만 개나 되는데, 그 중에서 수명이 다한 머리카락이 하루에 50~100개 빠져요. 그리고 빠진 수만큼 새 머리카락이 나요.
머리카락은 추울 때보다 더울 때 더 잘 자라요. 따뜻하면 혈액이 잘 돌아서 털을 만드는 모낭에 영양분이 잘 공급되기 때문이에요.
머리카락은 한 개로 50그램 정도의 달걀을 들 수 있어요. 만약 머리카락이 10만 개가 모이면, 5톤 정도의 코끼리도 들 수 있어요.

24~25쪽 정답이야.

집중탐구 퀴즈

문제를 잘 읽고 맞는 것을 골라봐. 쉽지 않을걸!

젖먹이동물의 털

새의 깃털

37 기린과 표범의 몸엔 털이 얼룩덜룩 나 있어. 왜 얼룩덜룩 나 있을까?

① 이성을 유혹하려고
② 무섭게 보이려고
③ 들키지 않으려고

38 얼룩말은 여기만 빼고 온몸에 검정 줄무늬 털이 나 있어. 여기는 어디일까?

① 배 ② 귀 ③ 꼬리

39 표범의 털 무늬엔 검은 테두리 안에 노란 점이 찍혀 있어. 그럼 치타의 털 무늬는 어떨까?

① 검은 점만 있어.
② 노란 테두리 안에 검은 점이 있어.

40 새의 깃털은 고양이나 개의 털과 다른 일을 해. 어떤 일을 할까?

① 몸을 차갑게 해.
② 몸을 크게 보이게 해.
③ 하늘을 날 수 있게 해.

41 새의 날개 깃털은 하늘을 나는 일을 주로 해. 그럼 솜 깃털은 무슨 일을 할까?

① 몸을 따뜻하게 해.
② 몸을 가볍게 해.
③ 털이 빠지지 않게 해.

42 새는 깃털로 알을 품어. 다음 중 어떤 깃털로 품을까?

① 가슴에 난 가슴 깃털
② 날개에 난 날개 깃털
③ 꼬리에 난 꼬리 깃털

깃털의 특징

깃털의 색

43 오리는 물에 떠 있어도 털이 젖지 않아. 왜 그럴까?

① 깃털에 고무막이 있어서
② 깃털에 비닐막이 있어서
③ 깃털에 기름막이 있어서

44 새는 나는 데 꼭 필요한 깃털을 항상 깨끗이 정리해. 다음 중 어떻게 정리할까? (답은 2개)

① 물로 씻어. ② 나무에 비벼.
③ 모래로 찜질해.

45 원앙이나 공작의 수컷은 짝짓기 시기가 되면 화려한 깃털이 나. 이 털을 뭐라고 할까?

① 꾸밈깃 ② 장식깃
③ 짝짓기깃

46 보통 수컷의 깃털은 화려한데 암컷은 수수해. 왜 그럴까?

① 새끼가 찾기 쉽게 하려고
② 먹이에게 다가가기 쉬워서
③ 적에게 들키지 않으려고

47 뇌조는 겨울엔 눈처럼 흰 깃털이었다가 여름엔 바꿔. 무슨 색으로 바꿀까?

① 둥지와 비슷한 갈색
② 물과 비슷한 푸른색
③ 나뭇잎과 비슷한 초록색

48 수컷 원앙새는 하얀 겨울에 화려한 깃털이 나. 왜 그럴까?

① 햇볕을 잘 받으려고
② 짝짓기를 하려고
③ 먹이를 유혹하려고

정답과 해설은 뒤쪽에 있어.

집중탐구 퀴즈 정답 & 해설

젖먹이동물의 털

정답 37. ③ 38. ① 39. ①

기린이나 표범은 털에 얼룩덜룩한 무늬가 있어요. 이런 무늬는 주변과 잘 섞여서, 기린은 적에게 들키지 않고, 표범은 먹이에게 들키지 않고 다가갈 수 있어요. 얼룩말은 얼굴과 귀와 꼬리, 다리에 이르기까지 흰색과 검정 줄무늬가 있어요. 하지만 배는 흰색으로만 되어 있어요.

표범과 치타는 모습과 크기가 비슷해요. 하지만 표범의 털은 검은 테두리 안에 노란 점이 있고, 치타의 털은 검은 점만 있어요.

새의 깃털

정답 40. ③ 41. ① 42. ①

새의 온몸에는 깃털이 나 있어요. 깃털은 가볍고 공기의 저항을 줄여 줘서 하늘을 잘 날 수 있게 하고, 몸의 온도를 일정하게 유지해 줘요.

깃털은 종류에 따라 하는 일이 달라요. 몸 깃털은 새가 제 모습을 갖추게 하고, 날개 깃털은 하늘을 날게 해요. 피부에 가장 가까이 난 솜 깃털은 몸을 따뜻하게 해 줘요.

대부분 새는 가슴 깃털로 알을 품어요. 가슴 깃털이 다른 깃털보다 가볍고 따뜻하기 때문이에요.

깃털의 특징

깃털의 색

정답 43. ③ 44. ①,③ 45. ②

오리처럼 물 위에 사는 새들은 깃털에 기름막이 있어 물에 젖지 않아요. 또 부리로 꽁지 근처의 기름샘에서 나오는 기름을 묻혀 깃털이 물에 젖지 않게 해요.

새는 나는 데 꼭 필요한 깃털을 틈만 나면 부리나 다리로 다듬어요. 또 물 속에 들어가 씻거나 모래로 찜질을 해서 다듬어요.

원앙, 공작, 따오기 등의 수컷은 짝짓기 시기에 암컷을 유혹하기 위한 화려한 장식깃이 나요.

정답 46. ③ 47. ① 48. ②

새는 보통 수컷이 암컷보다 더 화려해요. 알을 품는 암컷은 적의 눈에 띄지 않아야 하기 때문이에요.

새는 적의 눈에 띄지 않으려고 계절에 따라 깃털 색을 바꾸기도 해요. 뇌조는 여름에는 둥지 색과 비슷한 갈색이었다가 겨울에는 눈과 같은 흰색으로 바뀌요. 그런데 수컷 원앙은 겨울에 깃털 색이 훨씬 화려해져요. 한겨울 흰 눈밭에서 짝짓기를 하려면 암컷의 눈에 잘 띄어야 하기 때문이에요.

28-29쪽 정답이야.

속담퀴즈 열쇠를 찾아봐. 속담이 보일거야.

용의 꼬리보다 ▢의 머리가 낫다.

➜ 훌륭한 사람 뒤를 쫓아다니는 것보다 작고 보잘것 없는 곳의 우두머리가 낫다.

꽁지 빠진 ▢▢ 같다.

➜ 볼품없고 자신이 없어 보인다.

▢▢가 길면 밟힌다.

➜ 나쁜 짓은 아무리 남몰래 해도 자주 하면 들키고 만다.

수염이 석 자라도 먹어야 ▢▢이다.

➜ 배가 불러야 체면도 차릴 수 있다.

미운 ▢이 박혔나.

➜ 사람을 못살게 구는 것을 조롱하는 말

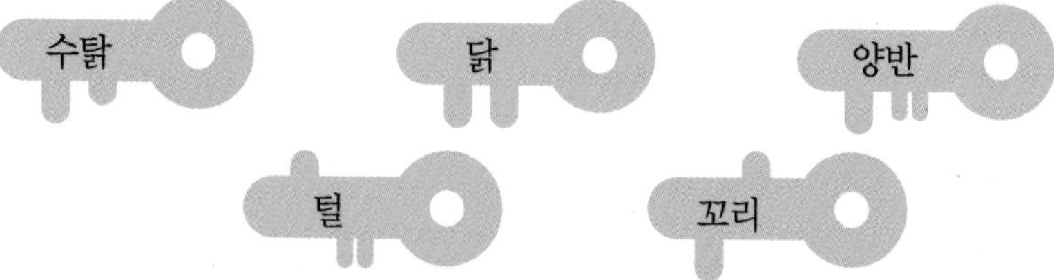

또또퀴즈

정답 79쪽

왼쪽의 큐큐와 똑같은 큐큐는 몇 명일까?

❶ 

❷ 

❸ 

❹ 

❺ 

❻ 

고아연~
만만치 않을걸?

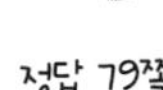

17쪽 정답 ❹

또또퀴즈~정말 재미있다. 어디 어디 숨었을까?

stage 3 집중탐구 퀴즈

문제를 잘 읽고 맞는 것을 골라봐. 쉽지 않을걸!

털갈이 1

털갈이 2

49 새나 동물의 털은 어느 때가 되면 빠지고 새로 나. 이것을 무엇이라고 할까?

① 털바꿈 ② 털갈이
③ 털되새김

50 개는 더위와 추위를 막으려고 털갈이를 해. 언제 털갈이를 시작할까?

① 봄과 여름 ② 봄과 가을
③ 여름과 겨울

51 동물의 털은 여름엔 짧고 솜털이 없어. 겨울엔 털이 어떨까?

① 길고, 솜털이 없어.
② 짧고, 솜털이 있어.
③ 길고, 솜털이 있어.

52 눈토끼는 겨울이 되면 털색이 하얗게 변해. 어디서부터 변할까?

① 털이 짧은 배부터
② 털이 잘 안 보이는 발부터
③ 털이 잘 보이는 등부터

53 새는 깃털이 빠지면 하늘을 날 수 없어. 다음 중 어떻게 털갈이를 할까?

① 머리만 털갈이를 해.
② 하나 건너 하나씩 빠져.
③ 솜털만 털갈이를 해.

54 새는 계절이 바뀐 것도 아니고 짝짓기 시기도 아닌데 털갈이를 할 때가 있어. 왜 그럴까?

① 알을 낳으려고 ② 둥지를 지으려고
③ 깃털이 망가져서

재미있는 새의 깃털

물고기의 털

55 딱따구리는 부리가 시작되는 곳에 긴 털이 나 있어. 이 털은 무슨 일을 할까?

① 나무 속 벌레를 끄집어내.
② 나무 부스러기가 눈과 코에 들어가지 않게 해.

56 사막물떼새는 먼 곳에 있는 물을 이 깃털에 담아 와서 새끼에게 먹여. 이 깃털은 무엇일까?

① 날개 깃털 ② 가슴 깃털

57 올빼미의 날개엔 솜털이 많이 나 있어. 왜 그럴까?

① 물을 빨아들이려고
② 알을 따뜻하게 품으려고
③ 소리가 안 나게 움직이려고

58 땅에 사는 호랑이도, 하늘을 나는 독수리도 털이 있어. 그럼 물에 사는 물고기도 털이 있을까?

① 그럼, 털이 있어.
② 아니, 털이 없어.

59 물고기 중에는 피부가 길어져서 만들어진 수염이 난 물고기가 있어. 다음 중 누구일까? (답은 2개)

① 메기 ② 홍어 ③ 잉어

60 메기 수염은 고양이 수염처럼 먹이를 찾는 일을 해. 또 어떤 일을 할까?

① 맛을 느껴.
② 집을 지어.
③ 짝짓기를 해.

정답과 해설은 뒤쪽에 있어.

집중탐구 퀴즈 정답 & 해설

털갈이 1

정답 49. ② 50. ② 51. ③

동물은 때가 되면 묵은 털을 새 털로 바꿔요. 이것을 털갈이라고 해요.
털갈이는 새끼가 어른이 되면서 한 번 하고, 어른이 되면 보통 1년에 한 번 이상 해요.
털갈이는 짝짓기를 하거나 더위와 추위를 막기 위해 해요. 짝짓기 시기에는 이성에게 잘 보이기 위해 화려한 색으로 털갈이를 해요. 봄에는 더운 여름을 위해 솜털이 없는 짧은 털로, 가을에는 추운 겨울을 위해 솜털이 있는 긴 털로 털갈이를 해요.

털갈이 2

정답 52. ① 53. ② 54. ③

눈토끼는 겨울이 되면 눈에 띄지 않게 흰색으로 털갈이를 해요. 털이 짧은 귀나 배부터 조금씩 하얗게 변하기 시작해요.
새는 깃털을 한꺼번에 바꾸지 않고 하나씩 바꿔서 털갈이 중에도 하늘을 날 수 있어요. 하지만 오리, 아비, 논병아리, 홍학, 뜸부기 같은 새는 깃털이 한꺼번에 모두 빠져서 한 달 정도 날지 못해요.
새는 깃털이 망가지면 망가진 깃털만 새 깃털로 털갈이를 해요.

재미있는 새의 깃털

정답 55. ② 56. ② 57. ③

딱따구리는 눈 아래 부리가 시작되는 곳에 긴 털이 나 있어요. 이 털은 나무를 쫄 때 생기는 나무 부스러기가 눈이나 코에 들어가지 않게 해요.
물이 부족한 사막에 사는 사막물떼새는 스펀지처럼 생긴 가슴 깃털에 물을 적셔 새끼에게 먹여요.
올빼미는 날개에 솜털이 많아요. 이 솜털로 소리를 흡수해서, 작은 소리도 크게 나는 밤에 날갯짓 소리를 내지 않고 먹이에게 다가갈 수 있어요.

물고기의 털

정답 58. ② 59. ①, ③ 60. ①

물고기나 악어, 개구리 같은 동물은 주위 온도에 따라 몸의 온도가 변해요. 이런 동물은 몸에 털이 없어요.
물고기 중에도 메기나 잉어, 미꾸라지는 입 주변에 수염이 있어요. 이 수염은 동물처럼 모공에 난 털이 아니라 피부가 길어진 거예요. 잉어는 네 쌍(8개), 미꾸라지는 다섯 쌍(10개)의 수염이 있어요. 메기, 잉어와 미꾸라지는 이 수염으로 먹이를 찾고, 맛을 느껴요. 때로는 지진을 미리 알아내기도 해요.

34-35쪽 정답이야.

집중탐구 퀴즈

문제를 잘 읽고 맞는 것을 골라봐. 쉽지 않을걸!

곤충의 털

61 새와 강아지는 털이 있고, 물고기는 털이 없어. 그럼 곤충은 털이 있을까, 없을까?

① 털이 있어. ② 털이 없어.

62 독나방 애벌레는 몸에 난 털로 몸을 보호해. 털은 어떻게 생겼을까?

① 바늘처럼 뾰족해.
② 독이 들어 있어.
③ 칼처럼 날카로워.

63 잠자리 다리의 가시 같은 털은 어떤 일을 할까? (답은 2개)

① 적을 공격해.
② 얼굴을 깨끗이 닦아.
③ 먹이를 꽉 잡아.

식물의 털

64 동물의 털은 피부가 변한 거야. 그럼 식물의 털은 뭐가 변한 걸까?

① 엽록소 ② 생장점
③ 표피세포

65 버드나무의 뿌리털은 물을 흡수해. 그럼 씨에 난 털은 무슨 일을 할까?

① 씨를 따뜻하게 해.
② 씨를 동물이 못 먹게 해.
③ 씨를 멀리 날아가게 해.

66 파리지옥은 잎에 난 털로 느껴서 파리를 잡아. 이런 파리지옥의 털을 뭐라고 할까?

① 식충털 ② 느낌털
③ 감각털

꼬리란?

꼬리 길이와 모양

67 호랑이처럼 긴 꼬리도 있고, 토끼처럼 짧은 꼬리도 있어. 그럼 꼬리는 어디서부터 어디를 말할까?

① 항문 끝부터 몸 끝까지
② 엉덩이부터 몸 끝까지

68 굽혔다 폈다 하는 팔과 다리엔 뼈와 근육이 있어. 그럼 꼬리에도 뼈와 근육이 있을까?

① 그럼, 있지. ② 아니, 없어.

69 대부분의 동물은 사자처럼 꼬리가 한 개지만, 이 곤충은 꼬리가 세 개야. 다음 중 이 곤충은 누구일까?

① 좀 ② 물장군
③ 잠자리

70 여우의 긴 꼬리는 균형을 잡고 방향을 바꾸는 데 좋아. 그럼 토끼의 짧은 꼬리는 뭐가 좋을까?

① 뛸 때 편해. ② 몸을 가볍게 해.
③ 적의 눈에 잘 띄어.

71 말 꼬리는 전체가 긴 털로 덮여 있고 비버의 꼬리는 털이 없어. 그럼 사자는 어떨까?

① 꼬리 중간에만 털이 뭉쳐 있어.
② 꼬리 끝에만 긴 털이 뭉쳐 있어.

72 거미원숭이 꼬리는 나무에 매달리기 편하게 털이 나 있어. 어떻게 나 있을까?

① 꼬리 끝에만 나 있어.
② 안쪽에만 나 있어.
③ 바깥쪽에만 나 있어.

정답과 해설은 뒤쪽에 있어.

집중탐구 퀴즈 정답&해설

곤충의 털

정답 61. ① 62. ② 63. ②, ③

곤충의 몸에 난 돌기 같은 털을 센털이라고 해요. 센털은 보통 속이 비어 있어요.

독나방과 노랑쐐기나방의 애벌레는 센털 속에 든 독으로 자신의 몸을 보호해요. 이 털은 몸 전체에 600만 개 정도 있어요.

잠자리는 다리에 뾰족하고 단단한 센털이 나 있어요. 이 센털로 먹이를 꼭 움켜 쥐고, 얼굴을 닦아요.

나비 날개의 아름다운 빛과 색을 내는 비늘은 센털이 변한 거예요.

식물의 털

정답 64. ③ 65. ③ 66. ③

식물의 잎, 줄기, 꽃잎, 뿌리 등에 난 털은 표피세포가 변한 거예요.

식물의 뿌리에는 실 같은 가느다란 뿌리털이 있어요. 뿌리털은 땅 속의 물과 양분을 빨아들여요.

민들레와 버드나무는 씨에 털이 있어서 바람을 타고 멀리 날아갈 수 있어요.

식충 식물인 파리지옥은 잎에 난 감각털로 벌레가 들어온 걸 느껴요. 벌레가 들어오면 재빨리 잎을 닫아요.

꼬리란?

정답 67.① 68.① 69.①

동물은 대부분 몸 끝에 꼬리가 있어요. 그런데 몸이 긴 뱀은 몸과 꼬리가 잘 구분되지 않아요. 이럴 땐 항문으로 꼬리를 구분할 수 있어요. 꼬리는 항문 끝에서 몸 끝까지를 말하기 때문이에요.

꼬리에도 팔과 다리처럼 뼈와 근육이 있어요. 그래서 꼬리를 이리저리 자유롭게 움직일 수 있어요.

동물의 꼬리는 대부분 사자나 토끼처럼 한 개지만, 좀처럼 꼬리가 세 개인 것도 있어요.

꼬리 길이와 모양

정답 70.① 71.② 72.③

꼬리의 길이와 모양은 동물마다 달라요. 호랑이나 치타는 꼬리가 길지만 토끼는 꼬리가 짧아요. 뒷다리가 긴 토끼는 꼬리가 길면 땅에 끌려서 불편하기 때문이에요.

말은 꼬리 전체가 긴 털로 덮여 있고, 사자는 짧은 털이 난 꼬리 끝에 방울 같은 털 뭉치가 있어요.

꼬리를 손처럼 쓰는 거미원숭이는 꼬리 안쪽에 털이 없어요. 그리고 비버나 쥐는 꼬리가 털 대신 비늘로 덮여 있어요.

38-39쪽 정답이야.

집중탐구 퀴즈

문제를 잘 읽고 맞는 것을 골라봐. 쉽지 않을걸!

꼬리의 역할 1

꼬리의 역할 2

73 다람쥐는 나무 위를 걸을 때 꼬리를 이리저리 흔들어. 왜 그럴까?

① 균형을 잡으려고
② 적을 위협하려고
③ 이성을 유혹하려고

74 치타의 꼬리는 빠르게 달릴 때 어떤 일을 할까? (답은 2개)

① 균형을 잡아 줘.
② 바람을 헤쳐 줘.
③ 방향을 바꿔 줘

75 딱따구리는 나무에 구멍을 낼 때 꼬리로 몸을 지탱해. 그럼 캥거루는 언제 꼬리로 몸을 지탱할까?

① 적과 싸울 때 ② 먹이를 먹을 때
③ 빠르게 달릴 때

76 대부분 동물의 꼬리는 항문을 덮고 있어. 왜 그럴까?

① 항문을 보호하려고
② 냄새를 안 나게 하려고
③ 똥을 닦으려고

77 소나 말 같은 동물은 꼬리로 파리를 쫓아. 어떻게 쫓을까?

① 꼬리를 뱅뱅 꼬아서
② 꼬리를 휘휘 휘둘러서
③ 꼬리로 똥을 튀겨서

78 꼬리가 길고 복슬복슬한 이 동물은 꼬리를 베개로 써. 다음 중 이 동물은 누구일까?

① 곰 ② 사슴
③ 여우

꼬리의 역할 3

79 꼬리 끝이 흰색인 흰꼬리사슴은 위험을 꼬리로 알려. 어떻게 알릴까?

① 꼬리를 세워 흰 털을 펴.
② 꼬리를 내려 흰 털을 돌려.
③ 꼬리를 말고 흰 털을 펴.

80 일본원숭이는 무리 가운데서 이 원숭이만 꼬리를 들 수 있어. 누가 꼬리를 들 수 있을가?

① 우두머리 원숭이
② 새끼를 가장 많이 낳은 원숭이

81 개는 긴장하면 꼬리를 세워. 그럼 돼지는 긴장하면 어떻게 할까?

① 아래로 내려.　② 높이 세워.
③ 돌돌 말아.

꼬리의 종류

82 새는 몸 끝의 꽁무니에 깃털이 나 있어. 이것을 뭐라고 할까?

① 엄지　② 꽁지
③ 쌈지

83 고양이 몸 끝엔 꼬리가 있고, 새의 몸 끝엔 깃이 달린 꽁지가 있어. 그럼 물고기 몸 끝엔 뭐가 있을까?

① 꽁지지느러미　② 꽁지비늘
③ 꼬리지느러미

84 강아지처럼 뼈가 있는 동물은 대부분 꼬리가 있어. 그럼 뼈가 없는 지렁이는 꼬리가 있을까, 없을까?

① 없어.　② 있어.

정답과 해설은 뒤쪽에 있어.

집중탐구 퀴즈 정답 & 해설

꼬리의 역할 1

정답 73. ① 74. ①, ③ 75. ①

동물의 꼬리는 몸의 균형을 잡거나 방향을 바꿔 주고 똑바로 설 수 있게 몸을 지탱해 줘요.
새나 다람쥐는 높은 곳에 있을 때 꼬리를 이리저리 흔들며 균형을 잡아요. 또 치타, 여우, 목도리도마뱀은 달릴 때 꼬리로 균형을 잡고, 방향을 바꿔요.
딱따구리는 나무에 구멍을 낼 때 꼬리를 나무에 붙여 몸을 지탱하고, 캥거루는 적과 싸울 때 뒷다리를 들고 꼬리로 몸을 지탱해요.

꼬리의 역할 2

정답 76. ① 77. ② 78. ③

동물은 대부분 꼬리를 아래로 내려 항문을 덮어요. 항문에 벌레나 먼지가 들어가지 못하게 하기 위해서예요.
많은 동물이 꼬리를 도구로 쓰기도 해요. 소, 사자, 말처럼 꼬리가 긴 동물은 꼬리를 휙휙 돌려 파리 같은 벌레를 쫓아요. 여우는 길고 복슬복슬한 꼬리를 둥글게 말아서 베개로 사용해요. 또 다람쥐는 털이 많은 꼬리를 낙하산처럼 펼쳐 나무 사이를 뛰어다녀요.

꼬리의 역할 3

꼬리의 종류

정답 79. ① 80. ① 81. ③

동물은 꼬리로 서로 의사소통을 하고, 감정을 표현하기도 하고, 신분을 나타내기도 해요.

비버는 꼬리로 물을 쳐서, 흰꼬리사슴은 꼬리를 들고 꼬리 끝의 흰털을 쫙 펼쳐 위험을 알려요.

일본원숭이는 꼬리로 신분을 나타내요. 무리에서 힘이 센 우두머리만 꼬리를 들고 다닐 수 있어요.

돼지는 꼬리로 기분을 표현해요. 편안할 때는 꼬리를 쫙 펴고, 긴장할 때는 꼬리를 돌돌 말아요.

정답 82. ② 83. ③ 84. ②

새의 꼬리를 꽁무니라고 하고, 이 꽁무니에 난 깃털을 꽁지라고 해요. 꽁지는 새가 잘 날 수 있도록 몸이 진화하면서 생겨났어요.

물고기는 몸 끝에 꼬리 대신 꼬리지느러미가 있어요. 물고기는 꼬리지느러미를 움직여서 방향을 잡고 앞으로 나아가요.

지렁이나 개미처럼 등뼈가 없는 동물은 꼬리와 몸이 잘 구분되지 않아요. 항문이 거의 몸 끝에 있기 때문이에요.

42-43쪽 정답이야.

집중탐구 퀴즈

문제를 잘 읽고 맞는 것을 골라봐. 쉽지 않을걸!

바다동물의 꼬리

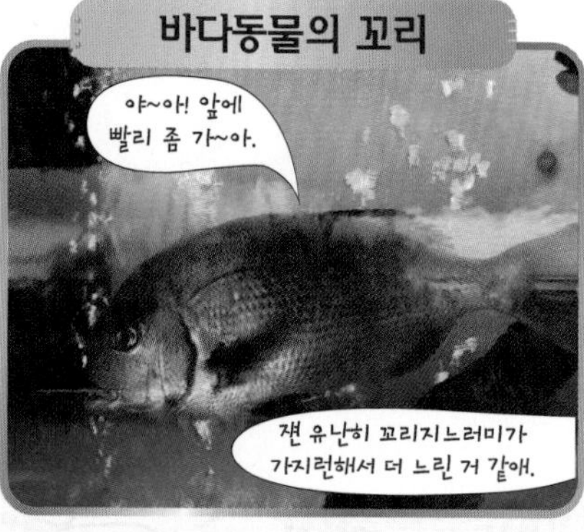

85 고양이는 꼬리로 균형을 잡아. 그럼 물고기의 꼬리지느러미는 뭘 할까? (답은 2개)

① 방향을 바꿔. ② 앞으로 나가.
③ 몸을 가라앉게 해.

86 돌고래는 꼬리지느러미가 누워 있어서 위아래로 움직여. 꼬리지느러미가 세워져 있는 상어는 어떻게 움직일까?

① 사방으로 ② 위아래로
③ 왼쪽오른쪽으로

87 느리게 헤엄치는 비늘돔의 꼬리지느러미는 끝이 가지런해. 빠르게 헤엄치는 돛새치의 꼬리지느러미는 어떨까?

① 가운데가 파였어.
② 여러 갈래로 나뉘었어.

새의 꼬리

88 제비는 꽁지 가운데가 쏙 들어가 있어. 어떤 점이 좋을까?

① 방향을 빨리 바꿀 수 있어.
② 먼지를 잘 털어 낼 수 있어.
③ 먹이를 빨리 먹을 수 있어.

89 들꿩 수컷은 꽁지로 암컷의 관심을 끌어. 꽁지가 어떻게 생겼을까?

① 둥글게 휘어져 있어.
② 아래로 길게 늘어져 있어.
③ 두 갈래로 갈라져 있어.

90 독수리는 원을 그리며 날 때 꽁지를 좌우로 벌려. 곧게 날 때는 어떨까?

① 위로 높이 들어.
② 아래로 내려.
③ 일직선으로 뻗어.

파충류의 꼬리

91 악어는 길고 튼튼한 꼬리로 여러 가지 일을 해. 다음 중 어떤 일을 할까? (답은 2개)

① 헤엄을 쳐. ② 적을 공격해.
③ 베개로 써.

92 몸집이 큰 악어는 몸뿐만 아니라 꼬리에도 영양분을 저장해서 먹이를 먹지 않고도 살 수 있어. 얼마나 살 까?

① 약 2개월 ② 약 2년
③ 약 20년

93 도마뱀은 적이 나타나면 꼬리를 자르고 도망가지만 곧 새로 자라나. 어떻게 다시 자라나는 걸까?

① 피부가 늘어나서
② 재생 유전자가 있어서

재미있는 꼬리

94 큰개미핥기는 개미를 잡을 때 꼬리를 사용해. 어떻게 사용할까?

① 부채처럼 바람을 일으켜서
② 포크처럼 찍어서
③ 빗자루처럼 쓸어서

95 하마는 꼬리로 똥을 흩뿌려 길을 표시해. 어떻게 흩뿌릴까?

① 맷돌처럼 갈아서
② 거품기처럼 휘저어서
③ 프로펠러처럼 돌려서

96 사막에 사는 다람쥐는 꼬리로 더위를 피해. 어떻게 피할까?

① 양산처럼 써서
② 선풍기처럼 돌려서
③ 부채처럼 흔들어서

정답과 해설은 뒤쪽에 있어.

집중탐구 퀴즈 정답&해설

바다 동물의 꼬리

정답 85. ①, ② 86. ③ 87. ①

물고기는 아가미 아래의 지느러미로 몸을 멈추고, 배와 등에 있는 지느러미로 몸의 균형을 잡아요. 또 꼬리지느러미로는 몸을 앞으로 나가게 하고 방향을 조정해요. 꼬리지느러미를 대부분 상어처럼 세워서 왼쪽오른쪽으로 움직여요. 하지만 젖먹이동물인 돌고래는 꼬리지느러미가 누워 있어 위아래로 움직여요. 비늘돔처럼 느린 물고기는 꼬리지느러미가 넓고 끝이 가지런해요. 반대로 돛새치처럼 빠른 물고기는 가운데가 초승달처럼 파였어요.

새의 꼬리

정답 88. ① 89. ① 90. ③

새의 꽁지는 날 때는 방향을 잡아 주고, 걷거나 앉을 때는 몸의 균형을 잡아 줘요. 꽁지 모양은 나는 데 영향을 줘요. 제비처럼 꽁지 가운데가 움푹하면 방향을 빨리 바꿀 수 있어요.

나는 방법에 따라 꽁지 모양이 바뀌기도 해요. 독수리는 회전할 때 꽁지를 좌우로 펼치고, 곧게 날 때는 일직선으로 펴요.

꽁지는 암컷을 유혹할 때 사용되기도 해요. 가령 들꿩 수컷은 둥글게 휘어진 꽁지로 암컷을 유혹해요.

파충류의 꼬리

재미있는 꼬리

정답 91. ①, ② 92. ② 93. ②

악어의 꼬리는 헤엄을 칠 때뿐만 아니라 크고 강해서 적을 물리치거나 먹이를 잡을 때도 사용해요. 또 몸뿐만 아니라 꼬리에도 영양분을 저장할 수 있어요. 그래서 몸집이 큰 악어는 먹이를 먹지 않고도 약 2년정도 살 수 있어요.

도마뱀은 적이 꼬리를 물면 대부분 꼬리를 잘라 내고 도망가요. 꼬리는 언제나 같은 부분이 잘리는데, 그 부분에 재생 유전자가 있어서 다시 자라기 때문이에요.

정답 94. ③ 95. ③ 96. ①

큰개미핥기의 꼬리는 길이가 1미터이고, 꼬리 위에는 길이가 40센티미터나 되는 털이 나 있어요. 이 꼬리를 잘 때는 이불처럼 덮고, 개미를 잡을 때는 달아나는 개미를 빗자루처럼 쓸어 모아요.

하마는 물에서 나와 풀을 먹으러 갈 때 꼬리를 돌려 똥을 뿌려요. 길을 잃지 않게 표시하기 위해서예요.

사막에 사는 다람쥐는 꼬리를 세워 머리를 덮어 양산처럼 써서 햇빛을 가려요.

46-47쪽 정답이야.

교과서 도전 퀴즈

학교 시험에는 어떻게 나올까? 도전해봐!

정답 52쪽

1 동물의 생김새와 특징 3학년

호랑이

- 몸이 털로 덮여 있다.
- 몸에 줄무늬가 있다.
- 꼬리가 있다.
- 다리가 4개이다.

참새

- 몸이 털로 덮여 있다.
- 날개가 있다.
- 꼬리가 있다.
- 다리가 2개이다.

붕어

- 몸이 비늘로 덮여 있다.
- 지느러미가 있다.
- 아가미가 있다.
- 다리가 없다.

1. 세 동물 모두 몸이 털로 덮여 있다. (○ , ×)
2. 꼬리는 포유류에게만 있는 특징이다. (○ , ×)
3. 참새만 날개가 있다. (○ , ×)

2 털을 가진 동물 3학년

개

곰

고양이

1. 털의 길이는 모두 같다. (○ , ×)
2. 몸의 온도가 일정한 동물은 몸에 털이 있다. (○ , ×)
3. 털은 몸의 체온을 일정하게 유지해 준다. (○ , ×)

52쪽 정답 5 1.× 2.○ 3.○ 4.×

3 동물 털의 역할

3학년

호랑이

다람쥐

원앙

1. 젖먹이 동물은 몸의 온도가 일정하다. (○, ×)
2. 동물의 털은 외부 충격을 흡수한다. (○, ×)
3. 모든 동물의 털은 냄새를 맡는 역할을 한다. (○, ×)

4 동물의 꼬리

3학년

말

치타

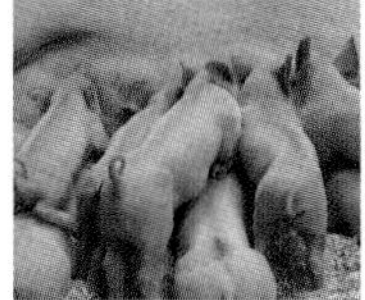
돼지

1. 위 동물 꼬리에는 모두 털이 있다. (○, ×)
2. 위 동물 모두 꼬리가 있다. (○, ×)
3. 모든 동물의 꼬리 길이는 같다. (○, ×)

53쪽 정답 6 1.○ 2.× 3.× 4.○ 5.○

교과서 도전 퀴즈

학교 시험에는 어떻게 나올까? 도전해봐!

정답 50쪽

5 동물의 분류

3학년

호랑이

도미

기린

참새

잠자리

까치

붕어

거북

개구리

주어진 분류 기준에 맞게 되어 있는 것에 O 표 하세요.

1. 털로 덮여 있는 것 : 호랑이, 기린, 개구리 (　　　)
2. 깃털로 덮여 있는 것 : 참새, 까치 (　　　)
3. 몸이 비늘로 덮여 있는 것 : 도미, 붕어 (　　　)
4. 다리가 2개인 것 : 참새, 까치, 거북 (　　　)

50쪽 정답 **1** 1. × 2. × 3. ○ **2** 1. × 2. ○ 3. ○

6 고착 생활하는 동물 3학년

동물 중에는 털이 아니라 가시나 돌기로 덮여 있는 동물도 있어요.

말미잘

- 바위 등에 붙어서 산다.
- 윗부분에 촉수가 있다.
- 촉수에 독침이 있어서 독침을 쏘아 먹이를 마비시킨 뒤 먹는다.

멍게

- 몸 표면에 작은 돌기들이 나 있다.
- 독특한 향이 있어 식용으로 먹는다.
- 부유물 속의 작은 생물이나 유기물을 먹고 산다.

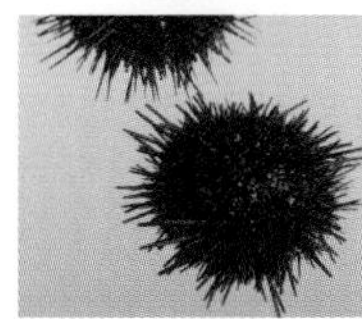
성게

- 몸이 가시로 덮여 있다.
- 해조류나 바위에 붙어서 작은 생물을 먹고 산다.
- 입은 아래쪽에 있다.

1. 위의 세 동물 모두 해조류나 바위에 붙어서 산다. (○ , ×)
2. 위의 세 동물 모두 헤엄쳐 다니며 먹이를 잡아 먹는다. (○ , ×)
3. 위의 세 동물 모두 몸이 가시로 덮여 있다. (○ , ×)
4. 위의 세 동물 모두 다른 생물을 먹고 산다. (○ , ×)
5. 말미잘에는 독침이 있다. (○ , ×)

51쪽 정답 3 1. ○ 2. ○ 3. × 4 1. ○ 2. ○ 3. ×

자연의 이름

stage 2

stage 1

- OX 퀴즈
- 있다없다 퀴즈
- 네모 퀴즈
- 사다리 퀴즈
- 왜?왜? 퀴즈

stage 2

- 집중탐구 퀴즈

생김새와 이름 1 ·
생김새와 이름 2
원숭이 · 해마와 하마
바다코끼리 · 하루살이
물자라 · 물맴이
생김새와 이름 3 ·
옥잠화와 물옥잠
진달래와 철쭉 ·
갈대와 억새
수련과 자귀나무 ·
해바라기와 달맞이꽃
소리와 이름 ·
방울뱀과 방울벌레

- 속담 퀴즈
- 또또 퀴즈

stage 3

집중탐구 퀴즈

교과서 도전 퀴즈

OX 퀴즈

맞으면 ○, 틀리면 ×에 ○표 하는 거야. 이제 시작이라고!

정답 58쪽

○ … **1** 코뿔소의 뿔은 피부가 변한 것이다. … ×

○ … **2** 눈이 큰 안경원숭이는 밤에
밤에 사냥하기를 좋아한다. … ×

○ … **3** 하마의 순 우리말은 물뚱뚱이이다. … ×

○ … **4** 하루살이는 하루만 산다. … ×

○ … **5** 갈대와 억새는 같은 식물이다. … ×

○ … **6** 생강나무는 생강 냄새가 나서
생강나무라 부른다. … ×

○ … **7** 바퀴벌레는 바퀴처럼 빨라서
바퀴벌레라 부른다. … ×

○ … **8** 개구리밥은 개구리가 좋아하는
먹이라 지어진 이름이다. … ×

각 쪽을 잘 보고, 답을 맞춰 봐. 누가 더 많이 맞췄을까……

있을까? 없을까? 알쏭달쏭~~ 비밀의 문을 열어봐!

정답 59쪽

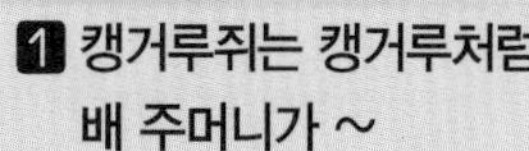

없다

2 불가사리는 다리가 ~

없다

3 큰개미핥기는 이빨이 ~

없다

4 똥을 먹고 사는 파리가 ~

없다

5 분꽃에는 분가루가 ~

없다

6 노새는 다시 노새를 낳을 수 ~

없다

60~61쪽 정답 1 ① 2 ① 3 ① 4 ② 5 ③ 6 ② 7 ② 8 ①

정답 60쪽

1 하마는 몸이 뚱뚱해서 주로 ▭ 에서 생활한다. ········· 물 / 땅

2 북한에서는 집게벌레를 ▭ 벌레라고 부른다. ········· 송곳 / 가위

3 물자라는 수컷의 ▭ 위에 알을 낳는다. ······ 배 / 등

4 할미꽃은 온 몸에 ▭ (이)가 있다. ··········· 털 / 가시

5 달맞이 꽃은 ▭ 에 꽃을 피운다. ············· 밤 / 낮

6 방울뱀은 꼬리 끝에 ▭ (이)가 있어 방울 소리가 난다. ············ 방울 / 고리

7 소가 잘 뜯어 먹는 풀은 ▭ 이다. ············ 쇠뜨기 / 괭이밥

8 꺼병이는 ▭ 의 새끼이다. ······················ 꿩 / 오리

56쪽 정답 1 ○ 2 ○ 3 ○ 4 × 5 × 6 ○ 7 ○ 8 ×

사다리 퀴즈

알쏭달쏭 수수께끼! 사다리를 타면 답이 나와.

정답 61쪽

1 사시사철 추워하는 동물은?

2 가장 눈이 나쁜 동물은?

3 태어나자마자 늙는 것은?

4 새는 새인데 걷기만 하는 새는?

5 밥은 밥인데 살아 있는 밥은?

6 귀는 귀인데 들리지 않는 귀는?

7 개미가 가기 싫어하는 곳은?

8 쥐의 아들과 결혼한 동물은?

- 노루귀
- 할미꽃
- 개미지옥
- 괭이밥
- 안경원숭이
- 노새
- 쥐며느리
- 목도리도마뱀

57쪽 정답 1 없다 2 있다 3 없다 4 있다 5 있다 6 없다

왜?왜? 퀴즈

왜? 왜 그럴까? 숨겨진 이유를 찾아봐.

정답 57쪽

1

왜 집게벌레라고 부를까?

① 꼬리가 집게를 닮아서
② 더듬이가 집게를 닮아서

2

왜 턱이 사슴의 뿔처럼 생긴 사슴벌레는 수컷의 턱이 암컷보다 더 클까?

① 힘 겨루기를 하려고
② 땅을 파헤치려고
③ 나뭇잎을 자르려고

3

왜 박쥐는 눈이 아주 나쁜데 이름은 눈이 밝은 쥐라는 뜻의 이름을 쓸까?

① 밤에도 잘 다녀서
② 눈이 커서
③ 눈에서 빛이 나서

4

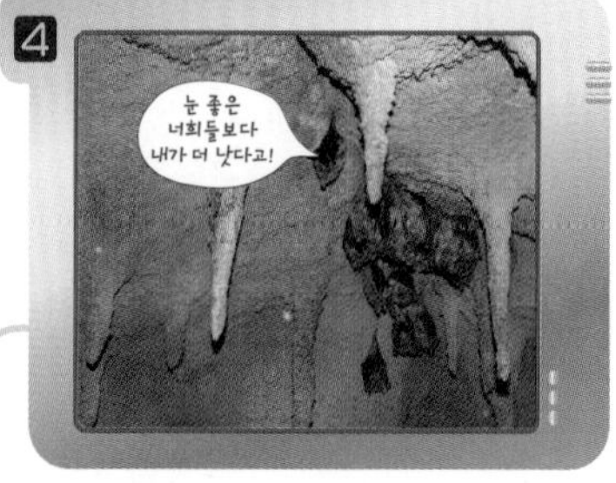

왜 박쥐는 눈이 나빠도 어두운 밤에 잘 움직일까?

① 더듬이가 발달해서
② 초음파를 발사해서
③ 털이 민감해서

58쪽 정답 1 물 2 가위 3 등 4 털 5 밤 6 고리 7 쇠뜨기 8 꿩

● 왜 불가사리는 죽을 수 없다는 뜻의 이름을 쓸까?

① 불에 태워도 죽지 않아서
② 닥치는 대로 먹어 치워서
③ 몸이 잘려도 다시 생겨나서

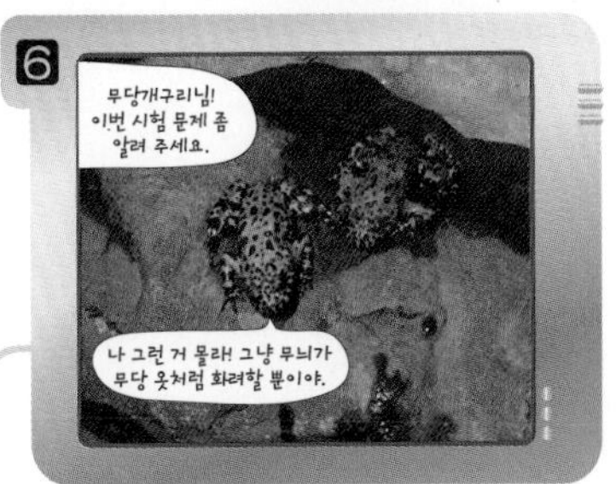

● 왜 무당벌레와 무당개구리의 이름에는 모두 무당이라는 말이 들어갈까?

① 무당무당 하고 울어서
② 무당 옷처럼 색이 화려해서
③ 점칠 때 사용되어서

● 왜 무당벌레와 무당개구리는 색이 화려할까?

① 암컷을 유혹하려고
② 독이 있다고 경고하려고
③ 적의 눈에 잘 안 띄려고

● 왜 뽕나무는 열매인 오디를 먹으면 방귀를 뽕뽕 잘 뀌게 될까?

① 소화가 잘 돼서
② 오디에 가스가 들어 있어서
③ 오디에 물기가 많아서

59쪽 정답 1 목도리도마뱀 2 안경원숭이 3 할미꽃 4 노새 5 괭이밥 6 노루귀 7 개미지옥 8 쥐며느리

stage 2

집중탐구 퀴즈

문제를 잘 읽고 맞는 것을 골라봐. 쉽지 않을걸!

생김새와 이름 1

생김새와 이름 2

1 코뿔소는 코에 뿔이 있어서 코뿔소라고 불려. 코의 뿔은 무엇이 변한 것일까?

① 이빨 ② 피부 ③ 뼈

2 가장 빨리 헤엄치는 물고기인 돛새치는 돛처럼 생긴 이것 때문에 돛새치라고 불려. 이것은 무엇일까?

① 배지느러미 ② 등지느러미
③ 꼬리지느러미

3 목도리도마뱀은 목 둘레의 목도리 같은 덮개를 언제 활짝 펼칠까?

① 먹이를 먹을 때
② 친구를 만날 때
③ 적을 놀라게 할 때

4 집게벌레는 몸에 집게 모양의 꼬리가 달려 있어. 집게 모양의 꼬리는 언제 쓸가? (답은 2개)

① 짝짓기할 때 ② 적과 싸울 때
③ 먹이를 잡을 때

5 턱이 사슴의 뿔처럼 생긴 사슴벌레는 수컷의 턱이 암컷보다 커. 왜 그럴까?

① 힘 겨루기를 하려고
② 땅을 파헤치려고
③ 나뭇잎을 자르려고

6 북한에서는 사슴벌레를 집게벌레라고 불러. 그럼 집게벌레는 뭐라고 부를까?

① 송곳벌레 ② 칼벌레
③ 가위벌레

원숭이

해마와 하마

7 코가 큰 코주부원숭이는 화가 나면 코의 모습이 변해. 어떻게 변할까? (답은 2개)

① 코가 작아져. ② 코가 빨개져.
③ 코가 부풀어 올라.

8 눈이 큰 안경원숭이는 왜 낮에는 자고 밤에만 활동할까? (답은 2개)

① 천적을 피하려고
② 시원해서
③ 밝을 땐 눈이 잘 안 보여서

9 코주부원숭이는 큰 코를 보고 이름을 지었어. 거미원숭이는 무엇을 보고 이름을 지었을까?

① 긴 꼬리 ② 긴 네 다리
③ 뾰족한 이빨

10 바다에 사는 말이라는 뜻의 해마는 말과 닮았다고 이름이 해마야. 말과 무엇이 닮았을까?

① 머리의 모양 ② 꼬리의 모양
③ 다리의 모양

11 하마는 몸이 뚱뚱해서 땅보다는 움직이기 편한 물 속에서 살아. 이런 하마를 순우리말로 뭐라고 할까?

① 물돼지 ② 물뚱보
③ 물뚱뚱이

12 이 하마는 하마와 비슷하게 생겼지만 몸집이 작고 물 속이 아닌 강가의 구멍 속에서 살아. 이 하마의 이름은 뭘까?

① 애기하마 ② 산하마
③ 땅하마

정답과 해설은 뒤쪽에 있어.

집중탐구 퀴즈 정답 & 해설

생김새와 이름 1

정답 1. ② 2. ② 3. ③

코뿔소의 방어 무기인 뿔은 피부가 변한 것으로, 속에는 뼈가 없어요. 뿔은 1~2개로, 평생 자라요.
돛새치는 길이가 3~4미터로, 주둥이는 뾰족해요. 돛 모양의 등지느러미를 달고 시속 110킬로미터 정도로 빠르게 헤엄쳐요.
목도리도마뱀은 위험을 느끼면 일어서서 입을 쫙 벌리며 목 둘레의 덮개를 활짝 펼쳐요. 또 암컷을 유혹하거나 체온조절을 해야 할 때도 덮개를 펼쳐요.

생김새와 이름 2

정답 4. ②, ③ 5. ① 6. ③

집게벌레는 배마디 끝에 가위 모양의 꼬리집게가 있어요. 꼬리집게는 꼬리 털이 변한 것으로, 먹이를 잡거나 적과 싸울 때 써요.
사슴벌레는 머리에 사슴 뿔처럼 생긴 큰 턱이 있어요. 서로 힘 겨루기를 해야 하는 수컷의 턱이 더 커요. 썩은 나무를 파헤치고 알을 낳아야 하는 암컷의 턱은 짧고 강해요.
북한에서는 우리와 달리 집게벌레를 가위벌레로, 사슴벌레를 집게벌레로 불러요.

원숭이

정답 7. ②, ③ 8. ①, ③ 9. ②

종류가 많은 원숭이는 생김새나 행동을 보고 이름을 붙이기도 해요.
코주부원숭이는 코가 커요. 특히 수컷의 코가 더 큰데, 화를 내거나 흥분하면 부풀어 오르고 빨개져요.
안경원숭이는 안경을 쓴 것처럼 눈이 커요. 밝은 낮엔 천적이 많을 뿐만 아니라 눈이 잘 안 보여서 주로 잠을 자고, 밤에 활동해요.
거미원숭이는 긴 네 다리 때문에 거미처럼 보여요. 긴 꼬리와 다리로 나무 사이를 점프하듯 옮겨 다녀요.

해마와 하마

정답 10. ① 11. ③ 12. ①

해마(海馬)는 따뜻한 바다에 사는 물고기로, 크기가 10센티미터도 안 돼요. 머리 모양은 말을 닮고 꼬리는 길어요. 또 특이하게 수컷이 배 주머니에서 알을 키워 부화시켜요.
하마(河馬)는 강에 사는 말이라는 뜻인데 순우리말로 물뚱뚱이라고 해요. 하루 종일 땅 위보다는 물 속에서 생활하는데, 새끼를 낳고 젖을 먹이는 일도 물 속에서 해요.
아프리카에 사는 애기하마는 하마와 비슷하게 생겼지만 몸집이 작고 강가의 구멍 속에서 살아요.

62-63쪽 정답이야.

집중탐구 퀴즈

문제를 잘 읽고 맞는 것을 골라봐. 쉽지 않을걸!

바다코끼리

하루살이

13 북극의 바다에 사는 바다코끼리는 코끼리를 닮아서 바다코끼리야. 코끼리의 무엇과 닮았을까?

① 긴 코　② 두 개의 긴 상아
③ 두꺼운 다리

14 코끼리는 주로 싸울 때 상아를 써. 바다코끼리는 긴 송곳니를 주로 어디에 쓸까? (답은 2개)

① 싸울 때　② 헤엄을 칠 때
③ 얼음에 구멍을 뚫을 때

15 코끼리의 다리는 큰 몸을 지탱할 수 있도록 굵고 짧아. 바다코끼리의 다리는 어떨까?

① 털로 뒤덮여 있어.
② 지느러미처럼 생겼어.

16 하루살이는 왜 이름이 하루살이일까?

① 수명이 딱 하루여서
② 수명이 너무 짧아서
③ 매일매일 집을 옮겨서

17 하루살이는 어른벌레가 되자마자 짝짓기를 하고 금세 죽어 버려. 왜 오래 살지 못할까?

① 먹지 못해서 ② 숨을 못 쉬어서
③ 날개가 떨어져서

18 하루살이는 애벌레로서 상당히 긴 시간을 살아. 애벌레로는 얼마를 살까?

① 1~3일　② 1~3개월
③ 1~3년

물자라

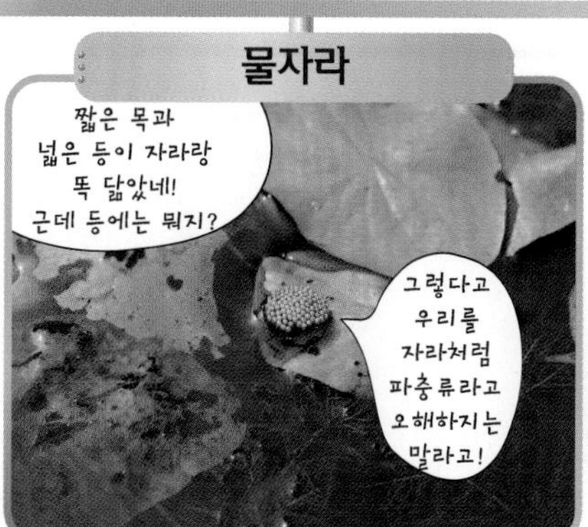

물맴이

19 물자라는 자라를 닮은 물 속 곤충이야. 물자라는 자라와 무엇이 닮았을까?

① 둥글넓적한 몸과 작은 머리
② 긴 몸과 긴 다리
③ 튀어나온 입과 큰 눈

20 자라는 물가의 흙에 구멍을 파고 알을 낳아. 물자라는 어디에 알을 낳을까?

① 자라처럼 흙 구멍에
② 개구리처럼 물 속에
③ 수컷의 등 위에

21 물자라는 수컷이 알을 등에 지고 다녀. 이런 모습 때문에 북한에서는 물자라를 뭐라고 할까?

① 알통 ② 알지기 ③ 알주머니

22 물맴이는 물 위에 떠 뱅글뱅글 맴도는 곤충이야. 어떻게 맴돌까?

① 앞다리를 빠르게 돌려서
② 꼬리를 빠르게 휘저어서
③ 날개를 힘차게 파닥거려서

23 물맴이는 여러 마리가 떼를 지어 맴돌아. 왜 그럴까?

① 알을 지키려고
② 먹이를 잡으려고
③ 적을 헷갈리게 하려고

24 물맴이는 곤충 세계의 하마라고 불려. 왜 그럴까?

① 물을 많이 먹어서
② 몸이 뚱뚱해서
③ 햇볕 쬐는 것을 좋아해서

정답과 해설은 뒤쪽에 있어.

바다코끼리

정답 13. ② 14. ①, ③ 15. ②

바다코끼리는 북극의 차가운 바다에 모여 살아요. 입 양쪽엔 코끼리의 상아처럼 보이는 두 개의 긴 송곳니가 있어요.

바다코끼리는 송곳니를 코끼리처럼 싸울 때뿐만 아니라 얼음에 구멍을 뚫을 때도 써요. 또 미끄러지지 않게 얼음에 꽂을 때, 바다에서 얼음 위로 올라올 때, 모래를 파서 조개를 잡아먹을 때도 써요.

바다코끼리의 네 다리는 헤엄치기 좋은 지느러미 모양이에요.

하루살이

정답 16. ② 17. ① 18. ③

하루살이는 애벌레로는 1~3년, 어른벌레로는 짧게는 1시간, 길게는 2~3일, 3주 정도를 살아요. 하루살이라는 이름은 수명이 아주 짧다는 것을 나타내요.

하루살이 애벌레는 물 속 돌 밑, 물풀 사이, 진흙 속에서 튼튼한 씹는 입으로 물풀을 먹고 살아요.

어른벌레가 되면 애벌레일 때의 씹는 입이 퇴화되어 작아져요. 그래서 먹지 못한 채 무리를 지어 날아다니다 짝짓기를 한 후 죽게 돼요.

물자라

정답 19. ① 20. ③ 21. ②

물자라의 몸은 거북의 한 종류인 자라처럼 둥글넓적해요. 세모꼴의 머리는 앞으로 튀어나와 있어요.
물자라는 암컷이 수컷의 등에 알을 낳아요. 암컷과 수컷은 여러 번 반복해서 짝짓기를 해 수컷의 등이 가득 차게 알을 낳아요. 수컷은 애벌레가 깨어날 때까지 알을 등에 지고 다녀요. 또 물 밖에서 지낼 땐 물새의 공격으로부터 알을 지켜요. 북한에서는 수컷이 알을 지고 다닌다 해서 물자라를 '알지기' 라고 불러요.

물맴이

정답 22. ① 23. ③ 24. ③

물맴이는 빙글빙글 맴돈다고 물맴이예요. 물 위를 가로지르며 앞다리를 1초에 60번씩 프로펠러처럼 빠르게 돌려요.
물맴이는 떼를 지어 다니며 물 위에서 맴돌아 적의 눈을 혼란스럽게 해요. 그러다 갑작스럽게 적의 공격을 받으면 물 속으로 숨어요.
물맴이는 하늘을 날 수도 있고 땅 위를 걸을 수도 있어요. 하지만 물 위에서 햇볕 쬐는 것을 좋아해서 '곤충 세계의 하마' 라고 불러요.

66-67쪽 정답이야.

집중탐구 퀴즈

문제를 잘 읽고 맞는 것을 골라봐. 쉽지 않을걸!

생김새와 이름 3

옥잠화와 물옥잠

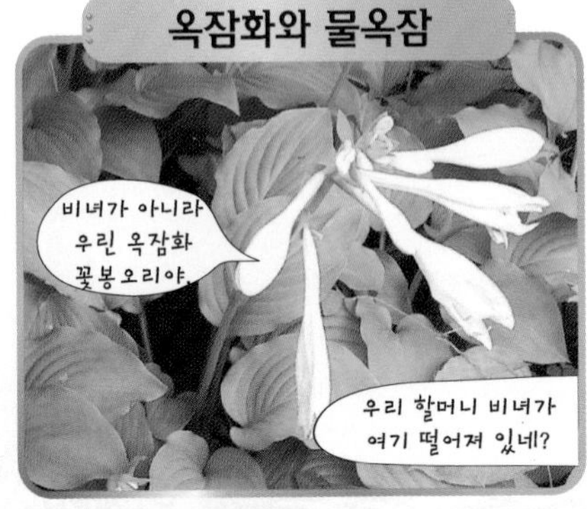

25 다음 중 나팔꽃처럼 닮은 물건을 보고 이름을 지은 꽃은 무엇일까? (답은 2개)

① 은방울꽃　② 패랭이꽃
③ 제비꽃

26 할미꽃은 길고 흰 털로 덮인 씨가 할머니의 풀어헤친 흰머리를 닮았어. 왜 씨에 털이 있을까?

① 씨가 멀리 날아가게 하려고
② 다른 동물이 먹지 못하게 하려고

27 우산이끼 수그루는 뒤집힌 우산 모양이야. 암그루는 어떤 우산 모양일까?

① 뒤집어지지 않은 우산
② 찢어져서 살만 있는 우산
③ 손잡이가 긴 우산

28 옥잠화는 꽃봉오리가 이것처럼 생겼다고 옥잠화라고 불러. 무엇처럼 생겼을까?

① 옥반지　② 옥비녀
③ 옥돌

29 부레옥잠은 이 부분이 물고기의 부레처럼 생겨서 물에 잘 떠. 이 부분은 어디일까?

① 꽃　② 뿌리　③ 잎자루

30 부레옥잠은 잎자루로 물에 떠 있지만, 물옥잠은 뿌리를 물 밑 흙 속에 박고 있어. 물옥잠은 어디에서 살까?

① 얕게 고인 물　② 깊은 호수
③ 물가의 바위 틈

진달래와 철쭉

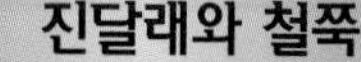

갈대와 억새

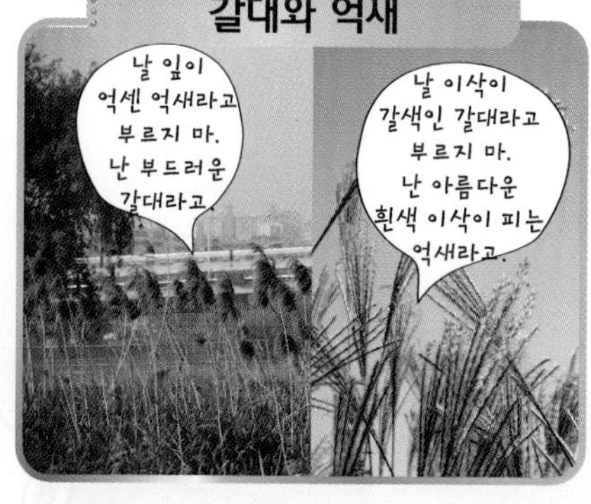

31 진달래꽃은 사람에게 이로워서 참꽃이라고 불러. 어떤 점이 이로울까?

① 먹을 수 있어.
② 옷감을 만들 수 있어.
③ 비누를 만들 수 있어.

32 철쭉꽃은 진달래꽃과 비슷하게 생겼지만 쓸모가 없다고 개꽃이라고 불러. 왜 쓸모가 없다고 생각했을까?

① 키울 수 없어서 ② 먹을 수 없어서
③ 아무데나 피어서

33 철쭉과 비교할 때 다음 중 진달래 꽃은 어느 것일까? (답은 2개)

① 꽃잎이 큰 꽃
② 꽃 색깔이 더 연한 꽃
③ 잎 없이 꽃만 피는 꽃

34 갈대는 줄기가 가늘고, 꽃이 이 계절에 핀다고 이름이 갈대야. 갈대 꽃은 언제 필까?

① 가을 ② 여름 ③ 봄

35 줄기가 가는 갈대와 비슷하게 생긴 억새는 왜 억새라고 할까?

① 잎이 억세서
② 억만 년을 살아서
③ 억척같이 질겨서

36 억새는 가는 줄기에 흰색 이삭이 있어. 갈대는 가는 줄기에 어떤 색 이삭이 있을까?

① 빨간색 ② 초록색
③ 갈색

정답과 해설은 뒤쪽에 있어.

집중탐구 퀴즈 정답&해설

생김새와 이름 3

정답 25. ①, ② 26. ① 27. ②

패랭이꽃은 패랭이라는 옛날 모자를, 은방울꽃은 방울을 닮았어요.

할미꽃은 자주색 꽃잎의 바깥쪽에 털이 났어요. 안쪽은 털이 없고 땅을 향하고 있어요. 꽃이 지면 털로 뒤덮인 씨가 맺혀요. 할미꽃은 '인산' 이라는 성분이 많은 양지바른 묘지 주변에서 잘 자라요.

우산이끼는 줄기, 잎, 뿌리의 구분이 없고, 모양이 우산을 닮았어요. 암그루의 우산에서 홀씨가 떨어지면 새로운 우산이끼가 싹을 틔워요.

옥잠화와 물옥잠

정답 28. ② 29. ③ 30. ①

옥잠화의 '옥잠' 은 구슬 옥(玉)에 비녀 잠(簪)을 써요. 꽃향기가 좋고, 습기가 있는 땅에서 잘 자라요.

부레옥잠은 잎자루 가운데가 물고기 부레처럼 불룩해요.

물옥잠은 물에 사는 옥잠화라는 뜻이에요. 논 옆 물길이나 늪의 물 속 흙에 뿌리를 박고 살아요. 물옥잠은 물에서 사는 다른 식물처럼 줄기에 스펀지 같은 구멍이 뚫려 있어 물에 잘 떠요. 물옥잠과 부레옥잠은 물을 깨끗이 정화해 줘요.

진달래와 철쭉

갈대와 억새

정답 31. ① 32. ② 33. ②, ③

'참' 이라는 말은 '진짜' 라는 뜻으로, 이름에 '참' 자가 붙으면 '개' 자가 붙은 것에 비해 품질이나 모양이 좋다는 뜻을 나타내요.
진달래와 철쭉은 꽃 모양이 비슷해요. 하지만 진달래꽃은 먹을 수 있어서 '참꽃', 철쭉꽃은 독 때문에 먹을 수 없어서 '개꽃' 이라고 해요.
진달래와 철쭉은 잎과 꽃을 보고 쉽게 구분할 수 있어요. 꽃과 잎이 함께 있으면 철쭉이고, 잎 없이 꽃만 있으면 진달래예요. 또 꽃 색깔이 연하면 진달래예요.

정답 34. ① 35. ① 36. ③

갈대와 억새는 비슷해 보이지만 자세히 보면 차이가 나요.
갈대는 줄기가 가늘고, 가을에 꽃이 핀다고 갈대라고 해요. 억새는 잎 가장자리의 날카로운 톱니 때문에 잎이 억세다고 억새라고 해요.
또 갈대와 억새는 사는 곳과 이삭의 색깔로 구별할 수 있어요. 갈대는 습지나 갯가처럼 축축한 땅에 살고, 억새는 산이나 들 같은 마른땅에서 살아요. 또 갈대의 이삭은 갈색이고, 억새의 이삭은 흰색이에요.

70~71쪽 정답이야.

집중탐구 퀴즈

문제를 잘 읽고 맞는 것을 골라봐. 쉽지 않을걸!

수련과 자귀나무

37 수련의 이름은 잠자는 연꽃이란 뜻이야. 왜 그럴까?

① 밤에 꽃을 피워서
② 밤에 꽃잎을 오므려서
③ 밤에 꽃잎을 떨어뜨려서

38 이 나무는 밤이 되면 잎을 접어서 잠을 자는 것처럼 보여. 이 나무의 이름은 뭘까?

① 수면나무 ② 자귀나무
③ 잠나무

39 밤이 되면 수련은 꽃잎을 오므리고, 자귀나무는 잎을 접어. 왜 그럴까?

① 몸의 물기가 줄어서
② 몸의 공기가 줄어서
③ 기온이 떨어져서

해바라기와 달맞이꽃

40 해바라기는 꽃이 해를 바라보며 핀다고 해바라기야. 해바라기꽃은 정말 해를 바라보며 필까?

① 그럼, 해를 바라보며 피지.
② 아니, 해와 상관없이 피어.

41 달맞이꽃은 해질 무렵 달을 맞으며 핀다고 달맞이꽃이야. 왜 해질 무렵에 필까?

① 빛이 강하지 않아서
② 바람이 약해서
③ 기온이 낮아서

42 낮에 피는 해바라기꽃은 나비나 벌이 꽃가루를 옮겨 줘. 그럼 밤에 피는 달맞이꽃은 누가 꽃가루를 옮겨 줄까?

① 밤에 활동하는 나방
② 밤에 활동하는 모기

소리와 이름

43 뻐꾹뻐꾹 우는 뻐꾸기처럼 울음 소리를 따라 이름을 지은 동물을 모두 찾아 봐. (답은 3개)

맹꽁이　개구리　갈매기
독수리　꿩

44 청개구리는 목을 부풀려서 개굴개굴 소리를 내. 참개구리는 어떻게 개굴개굴 소리를 낼까?

① 볼을 혀로 쳐서
② 볼의 울음주머니를 부풀려서

45 딱따구리는 왜 나무를 쪼는 걸까? (답은 2개)

① 집을 지으려고
② 위험을 알리려고
③ 벌레를 잡아먹으려고

방울뱀과 방울벌레

46 방울뱀은 꼬리 끝을 흔들어 슈슈 방울 소리를 내. 꼬리 끝에 뭐가 있을까?

① 속이 빈 여러 개의 방울
② 속이 빈 여러 개의 고리
③ 속이 빈 여러 개의 가시

47 방울벌레는 리링리잉 아름다운 방울 소리를 내. 어떻게 소리를 낼까?

① 뒷다리를 비벼서
② 더듬이를 비벼서
③ 앞날개를 비벼서

48 수컷 방울벌레는 언제 소리를 낼까? (답은 2개)

① 암컷을 부를 때
② 먹이를 사냥할 때
③ 다른 수컷과 싸울 때

정답과 해설은 뒤쪽에 있어.

집중탐구 퀴즈 정답&해설

수련과 자귀나무

정답 37. ② 38. ② 39. ①

수련의 '수'는 잠잘 수(睡) 자예요. 사람들은 아침에 핀 수련꽃이 밤에 꽃잎을 오므리면 잠을 잔다고 생각했어요. 자귀나무도 밤에 잎을 접으면 잠을 잔다고 생각했어요.

수련과 자귀나무는 밤이 되면 몸의 물기가 줄어 압력이 낮아져서 꽃잎과 잎을 오므려요. 이런 것을 '수면 운동'이라고 하는데, 콩, 토끼풀, 괭이밥 등도 수면 운동을 해요.

자귀나무는 소가 좋아해서 소밥나무, 소쌀나무라고 부르기도 해요.

해바라기와 달맞이꽃

정답 40. ② 41. ① 42. ①

해바라기꽃은 줄기 때문에 해를 따라 피는 것처럼 보여요. 줄기에 햇빛이 비추면 성장호르몬은 햇빛을 피해 반대편으로 가요. 그럼 이 반대편은 빠르게 자라고, 햇빛이 비추는 쪽은 더디게 자라요. 그럼 결국 줄기와 꽃은 햇빛 쪽으로 구부러져요.

달맞이꽃은 빛이 강한 낮을 피해 밤에 꽃을 피워 아침에 져요. 꽃가루도 밤에 활동하는 나방이 옮겨 주는데, 나방에 잘 붙도록 끈적끈적한 점액으로 엉겨 있어요.

소리와 이름

정답 **43.** 맹꽁이, 개구리, 꿩 **44.** ② **45.** ①, ③

동물의 이름은 내는 소리에 따라 짓기도 해요. 예를 들어 맹꽁이는 맹꽁맹꽁, 꿩은 꿩꿩 소리를 내요.

개구리가 소리를 내는 방법은 크게 두 가지로 나뉘어요. 청구리는 목을 부풀려서, 참개구리는 양 볼의 울음주머니를 부풀려서 소리를 내요.

딱따구리는 단단하고 뾰족한 부리로 '딱딱' 소리를 내며 나무를 쪼아요. 나무를 쪼아 집 지을 구멍을 만들거나 나무 속의 벌레를 잡아먹어요.

방울뱀과 방울벌레

정답 **46.** ② **47.** ③ **48.** ①, ③

방울뱀은 다른 뱀이나 자기가 이길 수 없는 다른 동물에게 경고의 의미로 꼬리를 흔들어 소리를 내요. 꼬리 끝은 속이 빈 여러 개의 고리로 이어져 있어서, 조금만 움직여도 서로 부딪쳐 좌라라라, 갈갈, 슈슈 등의 방울 소리를 내요.

수컷 방울벌레는 양쪽 앞날개를 비벼 소리를 내요. 암컷을 부를 때는 규칙적이고 아름다운 소리를 내고, 수컷끼리 싸울 때는 짧고 불규칙적인 소리를 내요.

74-75쪽 정답이야.

속담퀴즈 열쇠를 찾아봐. 속담이 보일거야.

□□가 되도록 맞았다.

➔ 넙치처럼 납작하게 되도록 맞았다.

오뉴월 □□□ 같다.

➔ 한시도 떨어지지 않고 몹시 귀찮게 군다.

댑싸리 밑의 □ 팔자

➔ 남부러울 것이 없이 늘어진 팔자

거져 먹을 것이라고는 □□바람 밖에 없다.

➔ 아무 힘도 들이지 않고 공짜로 얻는 것은 없다.

등불이 날아드는 □□□

➔ 죽을 줄 모르고 무모한 짓을 하는 것

넙치 하늬 부나비

똥파리 개

쉬어가기

또또퀴즈

정답 123쪽

아래의 조각들을 맞추면 어떤 그림이 될까?

❶

❷

❸

❹

4명

❷, ❸,
❹, ❻

또또퀴즈~ 정말 재미있다. 어디 어디 숨었을까?

stage 3 집중탐구 퀴즈

문제를 잘 읽고 맞는 것을 골라봐. 쉽지 않을걸!

비슷하지만 다른 이름

49 '미나리이것'은 미나리와 비슷하면서도 다르게 생긴 미나리를 가리켜. 이것은 뭘까?

① 며느리 ② 아재비 ③ 참

50 개나리는 나리꽃만 못하다고 이름에 '개' 자를 붙였어. 그럼 진달래에는 왜 이름에 '진'을 붙였을까?

① 달래꽃보다 좋고 예뻐서
② 달래꽃보다 오래 살아서

51 이 붓꽃은 붓꽃보다 꽃 모양이 단아하고 귀여워. 이 붓꽃은 뭘까?

① 소녀붓꽃 ② 각시붓꽃
③ 부인붓꽃

쓰임새와 이름

52 파리풀은 파리를 잡는 데 쓴다고 파리풀이야. 파리풀로 어떻게 파리를 잡았을까?

① 열매를 말려서
② 뿌리를 갈아서

53 분꽃은 화장할 때 바르는 분가루가 들어 있다고 분꽃이야. 분가루는 어디에 들어 있을까?

① 녹색 잎에 ② 까만 씨에
③ 하얀 뿌리에

54 수세미오이는 설거지할 때 수세미로 써. 어느 부분을 썼을까?

① 크고 넓적한 잎사귀
② 성글고 질긴 열매 속
③ 길고 구불거리는 줄기

사는 곳과 이름

냄새와 이름

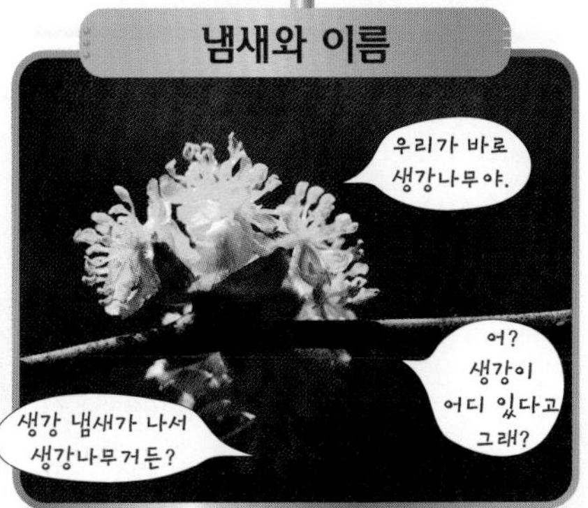

55 옛날엔 이 동물이 땅을 기름지게 한다고 땅 속에 사는 용이라고 생각했어. 이 동물은 무엇일까?

① 지렁이 ② 구렁이
③ 우렁이

56 달개비는 '닭장 주변에 흔히 자라는 풀' 이라는 뜻의 이름으로도 불려. 이 이름은 무엇일까?

① 닭풀 ② 닭먹이풀
③ 닭의장풀

57 담쟁이덩굴은 담에 붙어서 자라. 어떻게 담에 붙는 걸까?

① 잎이 끈끈해서
② 줄기의 털이 담에 걸려서
③ 뿌리가 담을 파고 들어서

58 노린재는 위험하면 노린내를 풍겨. 노린내는 어떤 냄새일까?

① 차를 끓일 때 나는 냄새
② 털을 태울 때 나는 냄새
③ 빵을 구울 때 나는 냄새

59 생강나무는 생강이 열리지 않는데 왜 생강나무라고 부를까?

① 잎이 생강처럼 생겨서
② 열매에서 생강 냄새가 나서
③ 가지에서 생강 냄새가 나서

60 향나무는 향내가 난다고 향나무야. 향나무의 어디에서 향이 날까?

① 꽃 ② 잎
③ 나무줄기

정답과 해설은 뒤쪽에 있어.

집중탐구 퀴즈 정답&해설

비슷하지만 다른 이름

정답 49. ② 50. ① 51. ②

생김새가 비슷한 식물들은 이름에 어떤 말을 덧붙여 다른 점을 나타낼 수 있어요.

미나리아재비, 조아재비처럼 비슷한 면이 있는가 하면 다른 면도 있으면 '아재비'를 붙여요. 개나리, 개살구처럼 원래 것만 못하고 질이 떨어질 때는 '개'를 붙여요. 각시붓꽃, 각시둥글레처럼 원래 것보다 단아하고 귀여우면 '각시'를 붙여요. 왕모시풀, 왕자귀나무처럼 원래 것보다 클 때는 '왕' 자를 붙이고요.

쓰임새와 이름

정답 52. ② 53. ② 54. ②

파리풀의 뿌리를 갈아 밥에 뿌리거나 종이에 바르면 파리가 먹고 죽었어요. 또 뿌리나 전체를 찧어서 종기나 벌레 물린 곳에도 붙였어요.

분꽃의 주름진 까만 씨에는 화장품으로 쓴 하얀 가루가 들어 있어요. 옛날엔 쌀, 조, 녹두 같은 곡식의 가루도 화장품으로 썼다고 해요.

옛날엔 수세미오이를 수세미로 썼어요. 잘 익은 열매를 방망이로 두드려 껍질을 까 씨를 빼낸 다음 물에 깨끗이 헹구면 수세미가 만들어졌어요.

사는 곳과 이름

정답 55. ① 56. ③ 57. ③

지렁이의 이름은 땅 지(地), 용 용(龍)의 '지룡'에서 왔어요. 지렁이는 흙을 기름지게 할 뿐만 아니라 깨끗하게 만들고, 흙 속으로 공기가 잘 통하고 물이 잘 스며들게 해요.

닭의장풀은 이름과 달리 어디서나 흔하게 피어요. 두 장의 푸른 꽃잎 아래 한 장의 흰 꽃잎이 있어요.

담쟁이덩굴은 잎과 마주난 덩굴손으로 벽에 단단히 붙어요. 줄기가 변한 덩굴손은 끝의 흡착 뿌리로 벽을 파고 들어요.

냄새와 이름

정답 58. ② 59. ③ 60. ③

노린내는 털을 태우면 나는 고약한 냄새예요. 노린재는 위험할 때 노린내가 나는 액체를 내뿜어 자신을 보호해요. 노린재는 식물의 즙이나 다른 곤충 피를 빨아먹고 살아요.

생강나무는 이른 봄철 제일 먼저 산수유 꽃과 닮은 노란 꽃을 피워요. 가지를 꺾어 냄새를 맡으면 연한 생강 냄새가 나요.

향나무는 줄기에서 향 냄새가 나요. 그냥 마당에 심어도 향내 때문에 모기를 쫓을 수 있어요.

80-81쪽 정답이야.

집중탐구 퀴즈

문제를 잘 읽고 맞는 것을 골라봐. 쉽지 않을걸!

느낌과 이름

속도와 이름

61 물푸레나무의 회갈색 가지를 물에 담그면 이 색깔의 물이 우러나와. 어떤 색깔의 물일까?

① 회갈색 ② 푸른색
③ 붉은색

62 꿀풀의 꽃은 꿀같이 단맛이 나. 씀바귀의 줄기는 어떤 맛이 날까?

① 한약처럼 쓴맛
② 레몬처럼 신맛
③ 고추처럼 매운맛

63 미꾸라지는 몸이 미끌미끌 미끄러워. 왜 미끄러울까?

① 끈적한 털이 나서
② 끈적한 비늘이 있어서
③ 끈적한 액체가 나와서

64 나무늘보는 나무에서 늘어져 사는 아주 느린 동물이야. 나무늘보는 1분에 얼마나 움직일 수 있을까?

① 4미터 ② 50미터
③ 100미터

65 나무늘보는 털에 이끼가 낄 정도로 잘 움직이지 않아. 이끼가 껴서 좋은 점은 뭘까?

① 먹이 대신 먹을 수 있어.
② 나뭇잎 사이에서 눈에 잘 안 띄어.

66 바퀴는 바퀴처럼 빨라서 이름이 바퀴야. 그럼 다음 중 행동이 굼떠서 이름이 지어진 곤충은 무엇일까?

① 구더기 ② 굼벵이
③ 공벌레

괭이밥과 개구리밥

67 쇠뜨기라는 이름은 소가 잘 뜯어 먹는 풀이라는 뜻이야. 그런데 소가 쇠뜨기를 많이 먹으면 어떻게 될까?

① 좍좍 설사를 해.
② 뿡뿡 방귀를 뀌어.

68 괭이밥이라는 이름은 고양이가 잘 먹는 풀이라는 뜻이야. 고기를 먹는 고양이가 왜 풀을 먹을까?

① 고기 맛과 비슷해서
② 소화를 잘 시키려고

69 개구리밥은 개구리가 먹지도 않는데 왜 개구리의 밥이라고 부를까?

① 개구리가 사는 곳에 많아서
② 개구리가 알을 낳아서
③ 올챙이가 먹어서

제비꽃과 노루귀꽃

70 제비꽃은 앉은뱅이꽃, 오랑캐꽃, 씨름꽃, 장수꽃 등 다른 이름이 많아. 제비꽃이라 불리는 이유는 뭘까?

① 제비를 닮아서 ② 제비가 먹어서
③ 제비가 돌아올 때쯤 피어서

71 노루귀는 새로 돋는 잎이 노루귀처럼 보여. 새 잎은 어떻게 생겼을까?

① 끝이 말렸고 털이 있어.
② 작은 잎에 구멍이 있어.
③ 동그랗고 가시가 있어.

72 강아지풀은 이삭이 강아지 꼬리 처럼 생겼어. 강아지풀 이삭을 만지면 어떤 느낌이 날까?

① 빳빳해. ② 날카로워.
③ 부드러워.

정답과 해설은 뒤쪽에 있어.

집중탐구 퀴즈 정답&해설

느낌과 이름

정답 61. ② 62. ① 63. ③

물푸레나무는 가지를 꺾어 물에 담그면 푸른색 물이 우러나요. 물푸레나무는 무겁고 단단하면서도 탄력이 좋아서 운동기구나 가구, 기계나 차량의 목재로 쓰여요.

씀바귀는 줄기를 자르면 쓴맛의 흰 즙이 나오는데, 쓴맛은 입맛을 돋워 줘요. 봄에 돋는 어린 잎과 뿌리로 나물을 무치거나 김치를 담궈요.

미꾸라지는 머리 부분만 빼고 비늘로 덮여 있어요. 몸 표면에서 끈적한 점액이 나와서 미끄러워요.

속도와 이름

정답 64. ① 65. ② 66. ②

나무늘보는 거의 평생을 나무 위에서 살아요. 동작이 너무 느려서 1분에 4미터 정도밖에 못 가요. 또 하루에 18시간이나 잠을 자고, 깨어 있을 때에도 거의 움직이지 않아요. 그래서 나무늘보의 털엔 새파랗게 이끼가 끼어요. 그런데 이끼가 낀 채 나뭇잎 사이에 매달려 있으면 눈에 잘 띄지 않아서 몸을 보호할 수 있어요.

굼벵이는 풍뎅이와 꽃무지, 매미의 애벌레를 말해요. 느리고 굼뜨게 움직인다고 굼벵이라고 불러요.

괭이밥과 개구리밥

정답 67. ① 68. ② 69. ①

식물의 이름에 이 식물을 잘 먹는 동물의 이름이 들어가기도 해요. 쇠뜨기는 소가 잘 뜯어먹는 풀이라서 쇠뜨기라고 하지만, 많이 먹으면 설사를 해요. 괭이밥은 육식을 하는 고양이가 소화가 잘 안 될 때 뜯어 먹는 풀이에요.

하지만 개구리밥은 개구리가 많이 사는 곳에서 볼 수 있다고 붙여진 이름이에요. 개구리는 개구리밥뿐만 아니라 어떤 풀도 먹지 않아요. 개구리는 곤충이나 벌레를 먹어요.

제비꽃과 노루귀꽃

정답 70. ③ 71. ① 72. ③

제비꽃은 봄에 피는 꽃이에요. 강남 갔던 제비가 돌아올 때쯤 핀다고 이런 이름이 붙었어요.

노루귀는 꽃이 질 때쯤 뿌리에서 잎이 돋아나요. 세모꼴의 잎은 세 갈래로 갈라지는데, 끝 부분이 말리고, 길고 흰 솜털로 덮여 있어서 노루의 귀처럼 보여요.

강아지풀은 어디서나 흔히 볼 수 있는 한해살이풀이에요. 이삭이 부드럽고, 강아지 꼬리처럼 생겼어요. '까치수염' 이라고도 불러요.

84-85쪽 정답이야.

집중탐구 퀴즈

문제를 잘 읽고 맞는 것을 골라봐. 쉽지 않을걸!

괭이갈매기와 오리너구리

개미귀신과 개미핥기

73 괭이갈매기는 고양이와 닮았다고 이름이 괭이갈매기야. 고양이와 무엇이 닮았을까?

① 부리의 수염 ② 밝은 눈
③ 울음소리

74 오리너구리의 꼬리는 비버처럼 납작하고, 털은 수달처럼 굵고 짧아. 그럼 오리와 닮은 부분은 어디일까?

① 넓적한 부리
② 뒤뚱거리는 걸음걸이

75 오리너구리는 오리처럼 알을 낳을까, 너구리처럼 새끼를 낳을까?

① 오리처럼 알을 낳아.
② 너구리처럼 새끼를 낳아.

76 명주잠자리 애벌레인 개미귀신은 귀신같이 개미를 잘 잡아먹어. 개미귀신은 어떻게 개미를 잡을까?

① 그물을 쳐서 ② 냄새를 풍겨서
③ 구덩이를 파서

77 개미귀신은 흙 속에 깔때기 모양의 구덩이를 파서 개미를 잡아. 이 구덩이를 뭐라고 부를까?

① 개미지옥 ② 개미감옥
③ 개미함정

78 개미핥기는 끈끈한 혀로 개미를 핥아서 잡아먹어. 큰개미핥기는 혀가 얼마나 길까?

① 30센티미터 ② 60센티미터
③ 100센티미터

오줌이 들어간 이름

79 노루오줌은 노루 오줌 같은 냄새가 나는 식물이야. 어느 부분에서 냄새가 날까?

① 뿌리 ② 줄기 ③ 잎

80 애기똥풀은 줄기를 자르면 나오는 즙이 아기가 누는 설사 똥과 비슷해. 똥의 무엇과 비슷할까?

① 구리구리한 냄새
② 누리끼리한 색깔

81 쥐똥나무는 둥글고 검은 열매가 쥐똥처럼 생겼어. 쥐똥나무 열매는 어디에 쓰일까?

① 비료로 ② 해충약으로
③ 피로 회복제로

똥이 들어간 이름

82 똥파리는 쇠똥 같은 똥 주변에 모여들어. 똥파리는 왜 똥을 좋아할까? (답은 2개)

① 냄새가 좋아서 ② 주변에 흔해서
③ 속에 먹을 것이 많이 들어서

83 쇠똥구리는 쇠똥을 동그랗게 뭉쳐서 굴려. 어떤 자세로 굴릴까?

① 똑바로 선 자세로
② 옆으로 누운 자세로
③ 물구나무 선 자세로

84 왜 요즘은 개똥벌레를 잘 볼 수 없을까?

① 날씨가 더워져서
② 밤이 길어져서
③ 환경이 오염되어서

정답과 해설은 뒤쪽에 있어.

집중탐구 퀴즈 정답 & 해설

괭이갈매기와 오리너구리

정답 73. ③ 74. ① 75. ①

괭이갈매기는 울음소리가 고양이와 비슷해요. 괭이갈매기는 수천에서 수만 마리씩 모여 번식을 해요. 다른 새가 알을 훔치러 오면 주위가 떠나가라 울어 대며 똥을 퍼부어요. 오리너구리는 호주에만 사는 동물로, 꼬리는 비버를, 부리는 오리를, 털은 수달을 닮았어요. 오리너구리는 부리가 매우 예민해서 부리로 먹이를 알아내요. 또 오리처럼 알을 낳아 너구리처럼 젖을 먹여 새끼를 키우는 신기한 동물이에요.

개미귀신과 개미핥기

정답 76. ③ 77. ① 78. ②

명주잠자리 애벌레인 개미귀신은 함정을 파서 개미를 잡아먹어요. 함정은 마른 모래나 흙 속에 깔때기 모양으로 파서 만들어요. 이 함정은 개미가 한번 빠지면 다시 살아서 돌아올 수 없는 지옥 같은 곳이라는 뜻으로 '개미지옥' 이라고 불러요. 큰개미핥기는 이빨은 없지만 60센티미터나 되는 끈끈하고 긴 혀로 개미를 핥아먹어요. 튼튼한 발톱으로 개미집을 파헤쳐 한 번에 2만 4천 마리 정도의 개미를 먹어 치워요.

오줌이 들어간 이름

정답 79. ① 80. ② 81. ③

노루오줌은 산지의 습한 곳에서 자라요. 뿌리에서 노루의 오줌 냄새가, 꽃에서는 약한 지린내가 나요.

애기똥풀은 잎이나 줄기를 자르면 갓난아이의 설사 똥 같은 누런 즙이 나와요. 즙에는 독성이 있어서 먹으면 안 되지만, 해독 성분이 있어서 벌레에 물렸을 때 바르기도 해요.

쥐똥나무의 둥근 열매는 가을에 검게 익어서 쥐똥처럼 보여요. 몸이 피로하거나 힘이 없을 때 쥐똥나무 열매를 약으로 쓰기도 해요.

똥이 들어간 이름

정답 82. ②, ③ 83. ③ 84. ③

똥파리는 동물과 사람의 똥에 모여들어요. 똥파리는 똥을 먹을 뿐만 아니라 똥 속에 알을 낳아요.

쇠똥구리는 쇠똥을 뭉쳐서 둥그런 경단을 만들어요. 그 경단을 물구나무 자세로 서서 뒷다리로 굴려요. 자신의 굴로 가져가서 먹기도 하고 똥 속에 알을 낳기도 해요.

개똥벌레는 물이 깨끗하고 밤에 불빛이 없는 곳에 살아요. 이름은 '개똥처럼 지천에 널려 있는 벌레' 라는 뜻이지만 요즘은 보기 힘들어요.

88-89쪽 정답이야.

집중탐구 퀴즈

문제를 잘 읽고 맞는 것을 골라봐. 쉽지 않을걸!

구름 이름

태풍 이름

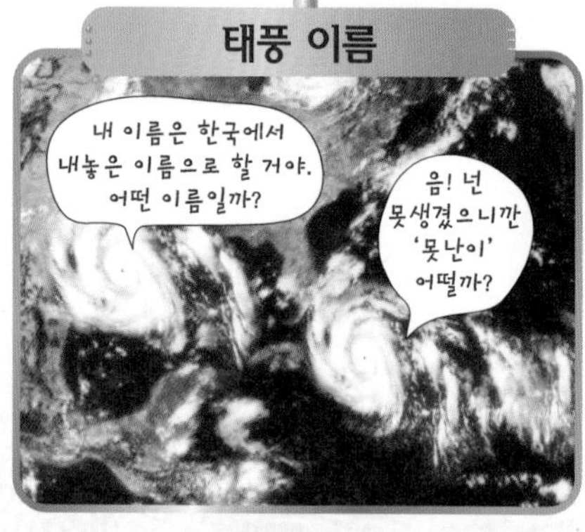

85 비구름은 비를 내리는 검은색 구름이야. 왜 검은색일까?

① 얼음이 섞여서
② 검은 연기가 섞여서
③ 빛을 흡수해서

86 비구름이 비를 내리는 구름이면, 쌘비구름은 어떤 구름일까?

① 비구름을 몰아내는 구름
② 겨울비가 내리는 구름
③ 소나기나 우박이 내리는 구름

87 뭉게구름은 하늘에 뭉게뭉게 떠 있는 구름이야. 뭉게구름은 어떤 날에 잘 나타날까?

① 맑은 날　② 비가 오는 날
③ 안개가 낀 날

88 맨 처음 태풍에 이름을 붙인 건 호주 기상학자들이야. 어떤 이름일까?

① 착한 여자의 이름
② 못된 정치인의 이름
③ 힘센 운동 선수의 이름

89 미국의 태풍 경보 센터에선 왜 여자 이름을 붙였을까?

① 여신을 달래려고
② 태풍이 여자 머리채와 닮아서
③ 사람들이 무서워할 거라서

90 2000년부터 태풍 위원회의 회원국들이 자기 나라 말로 태풍 이름을 붙였어. 우리 나라에서 지은 태풍 이름을 모두 찾아 봐. (답은 3개)

링링, 노루, 올가, 기러기, 제비, 매미, 나비

날씨 이름

우주 이름

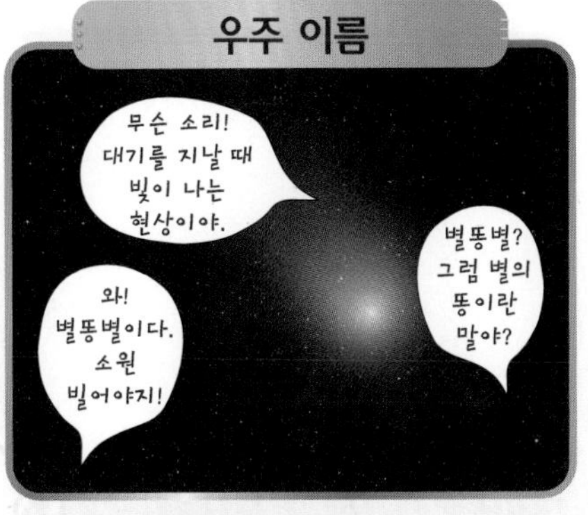

91 크리스마스 때쯤 페루 앞바다의 바닷물 온도가 평상시보다 올라가는 엘니뇨 현상이 나타나. 엘니뇨의 뜻은?

① 뜨거운 바다 ② 아기 예수
③ 크리스마스의 저주

92 라니냐는 엘니뇨와 반대로 바닷물 온도가 평상시보다 낮아지는 현상이야. 라니냐는 무슨 뜻일까?

① 어른 예수 ② 어머니
③ 여자 아이

93 페루 앞바다에서 엘니뇨 현상이 나타날 때 우리 나라의 여름 날씨는 어떨까?

① 더 더워. ② 선선해.
③ 비가 안 와.

94 옛날엔 저녁 때 뜨는 금성을 개밥바라기라고 불렀어. 왜 그랬을까?

① 개 밥그릇처럼 생겨서
② 개가 저녁밥을 바랄 때쯤 떠서
③ 개밥처럼 볼품이 없어서

95 화성이라는 이름은 붉은색 별이라는 뜻이야. 화성은 왜 붉은색을 띨까?

① 표면의 모래흙이 붉어서
② 화산 폭발이 계속돼서
③ 공기가 붉어서

96 핼리 혜성은 핼리가 발견해서 핼리 혜성이야. 별똥별은 왜 별똥별일까?

① 똥을 누는 모양으로 떨어져서
② 별이 만들어질 때 떨어져서
③ 별의 찌꺼기들이 모여서

정답과 해설은 뒤쪽에 있어.

집중탐구 퀴즈 정답 & 해설

구름 이름

정답 85. ③ 86. ③ 87. ①

구름은 떠 있는 높이에 따라 모양이 달라요. 새털구름, 비늘구름, 털층구름, 양떼구름, 높층구름, 비구름, 층쌘구름, 안개구름, 뭉게구름, 쌘비구름 등 10가지로 나뉘어요.

비구름은 모양이 불규칙하고 비구름이 몰려오면 비가 내려요. 물방울이 커서 빛을 흡수해 검은색으로 보여요. 쌘비구름은 번개가 치고, 소나기나 우박이 내리는 구름이에요. 뭉게구름은 여름날 맑은 오후에 잘 나타나요.

태풍 이름

정답 88. ② 89. ③ 90. 노루, 제비, 나비

태풍에 맨 처음 이름을 붙인 건 호주 기상학자들로, 악명 높은 정치인들의 이름을 붙였어요. 그러다 미국 태풍 경보 센터에서 정식으로 태풍 이름을 붙였어요. 사람들이 무서워할 거라고 생각해서 처음엔 여자 이름만 붙이다가 나중에는 남자 이름도 붙였어요.

2000년부터는 태풍 위원회의 14개 회원국이 10개씩 제출한 이름을 돌려 쓰고 있어요. 우리 나라는 노루, 제비, 나비 등의 이름을 제출했어요.

날씨 이름

우주 이름

정답 91. ② 92. ③ 93. ②

엘니뇨는 '아기 예수', '남자 아이', 라니냐는 '여자 아이' 라는 뜻이에요. 엘니뇨는 페루 근처의 바닷물 온도가 올라가는 현상인데, 크리스마스 즈음 나타나서 이런 이름을 붙였어요. 라니냐는 반대로 바닷물의 온도가 5개월에 걸쳐 0.5도 정도 낮아지는 현상이에요.

페루에서 엘니뇨가 생기면 우리 나라의 여름은 선선하고, 겨울은 따뜻해요. 반대로 라니냐가 생기면 겨울은 춥고, 여름은 더워요.

정답 94. ② 95. ① 96. ①

옛날에는 금성을 두 개의 이름으로 불렀어요. 새벽에는 새벽 동쪽 하늘에서 뜬다고 '샛별', 저녁에는 개들이 저녁밥 달라고 짖을 때쯤 뜬다고 '개밥바라기' 라고 불렀어요.

화성은 한자로 불 화(火), 별 성(星) 자를 써요. 화성 표면의 모래흙에 붉은색의 산화철 성분이 섞여 있어서 불처럼 붉게 보여요.

별똥별은 우주를 떠돌던 바위 덩어리가 지구의 대기에 들어와 공기와 부딪쳐 빛을 내면서 타는 거예요.

92-93쪽 정답이야.

교과서 도전 퀴즈

학교 시험에는 어떻게 나올까? 도전해봐!

1 구름 관찰 3학년

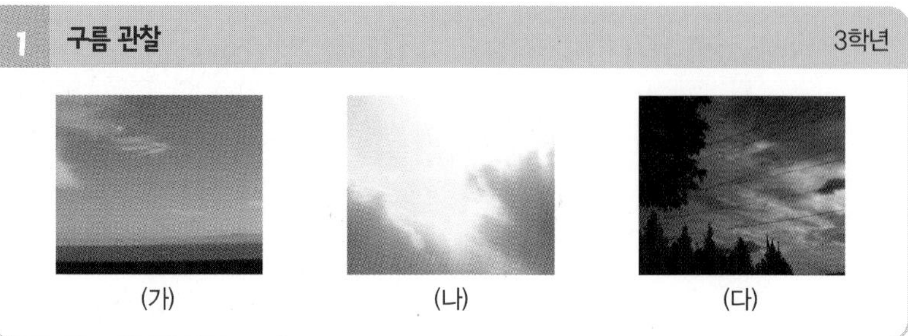

(가) (나) (다)

1. 일기 예보를 듣지 않고도 구름의 양을 보고 날씨를 알 수 있다. (○, ×)
2. (가)와 같이 구름이 하나도 없거나 조금 끼어있을 때를 흐림이라고 한다. (○, ×)
3. (다)처럼 구름이 많이 끼어 있을 때 비가 많이 와서 비구름이라고 한다. 그리고 구름의 색깔은 검은 색이고, 구름의 양은 '많다' 라고 한다. (○, ×)

2 동물의 생김새 3학년

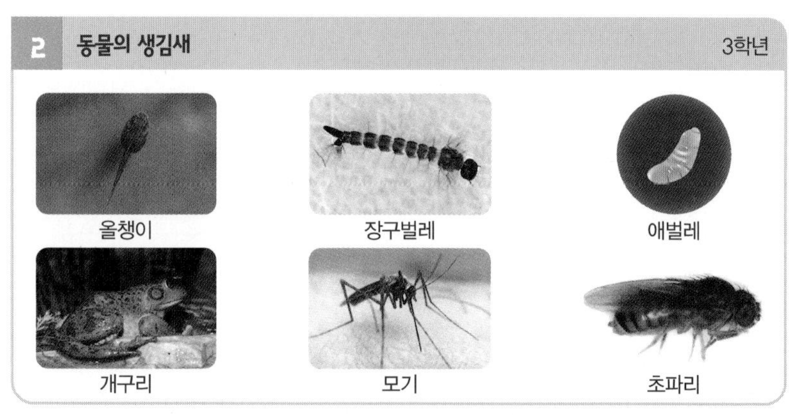

올챙이 장구벌레 애벌레

개구리 모기 초파리

1. 개구리 새끼인 올챙이는 꼬리와 아가미가 있다. (○, ×)
2. 장구벌레는 잠자리 애벌레이고 물 속에 산다. (○, ×)
3. 초파리 애벌레는 조그맣고 옅은 노란색을 띠며, 성충이 되면 날개가 생긴다. (○, ×)

97쪽 정답 3 1.○ 2.× 3.○ 4 1.× 2.○ 3.○

3 태양계 행성의 특징 알아보기 5학년

수성

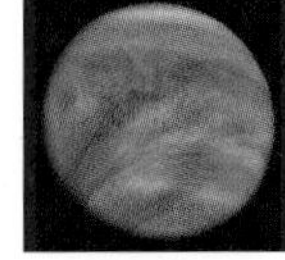
금성

지구

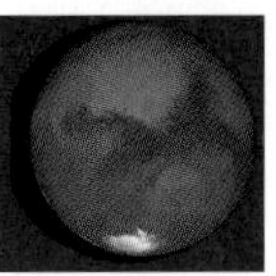
화성

1. 태양계 중 유일하게 생명체가 있는 행성은 지구이다. (○ , ×)
2. 수성은 지구에서 가장 가깝고 매우 밝게 보이는 행성으로 '샛별' 이라고도 부른다. (○ , ×)
3. 화성은 빛깔이 매우 붉고, 물이 있었던 흔적이 있다. (○ , ×)

4 태풍 6학년

태풍의 피해	태풍의 이로운 점
농사에 큰 피해를 주고, 바닷가에도 피해를 준다.	저수지나 댐에 물을 가득 채워 우리가 사용할 수 있게 해 준다.
홍수가 나고 하천이 넘치기도 한다.	바다의 물을 뒤집어 물 속의 산소를 풍부하게 해 준다.
	저위도의 에너지와 수증기를 고위도 지역으로 운반해 준다.

1. 태풍은 열대 지상에서 발생하는 저기압으로 우리 나라에는 11, 12, 1월에 평균 3개 정도의 태풍이 지나간다. (○ , ×)
2. 태풍이 일어나면 산 중턱의 바윗돌이나 흙이 무너져 피해를 주기도 한다. (○ , ×)
3. 태풍이 일어나면 물을 뒤집어 물 속의 산소를 풍부하게 해줘서 물 속 생물들이 잘 자랄 수 있게 한다. (○ , ×)

96쪽 정답 1 1.○ 2.× 3.○ 2 1.○ 2.× 3.○

3 Round 물리와 화학

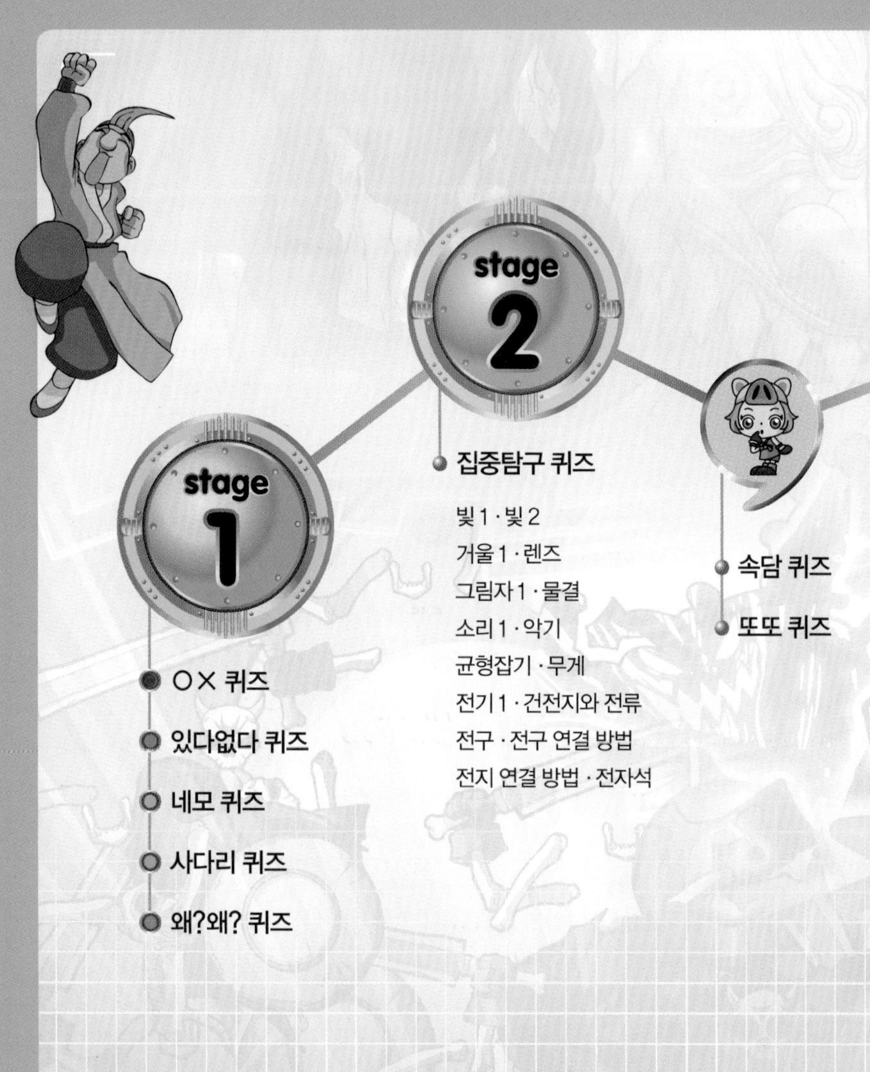

stage
3

stage
4

OX 퀴즈

맞으면 ○, 틀리면 ×에 ◯표 하는 거야. 이제 시작이라고!

정답 102쪽

○ ······· 1 빨강, 노랑, 파랑색 물감을 섞으면 검은색이 된다. ······· ×

○ ···· 2 빨강, 파랑, 초록색의 빛을 한곳에 비추면 검은색이 된다. ······ ×

○ ··· 3 햇빛을 등지고 서서 분수대의 물을 바라보면 무지개가 보인다. ··· ×

○ ···· 4 우주에서도 소리를 들을 수 있다. ···· ×

○ ······· 5 볼록 거울은 평면 보다 넓은 면을 볼 수 있다. ······ ×

○ ········· 6 소리가 잘 전달되는 순서는 쇠-물-공기이다. ········ ×

○ ····· 7 모든 물질은 100℃에서 끓는다. ····· ×

○ ·· 8 새는 두 발이 같은 전선 위에 있기 때문에 감전되지 않는다. ·· ×

각 쪽을 잘 보고, 답을 맞춰봐. 누가 더 많이 맞췄을까……

있다없다 퀴즈

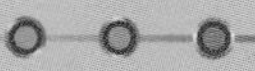

있을까? 없을까? 알쏭달쏭~~ 비밀의 문을 열어봐!

정답 103쪽

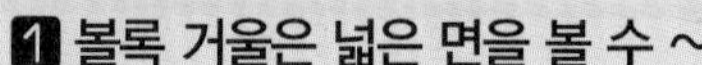

1 볼록 거울은 넓은 면을 볼 수 ~

없다

2 돋보기로 종이를 태울 수 ~

없다

3 액체 상태인 금속이 ~

없다

4 고정 도르래는 힘의 이득이 ~

없다

5 고체에서 바로 기체가 되는 물질이 ~

없다

6 내 키의 $\frac{1}{2}$ 길이인 거울로 내 전신을 볼 수 ~

없다

104-105쪽 정답 1 ①, ③ 2 ② 3 ② 4 ③ 5 ② 6 ③ 7 ② 8 ③

정답 104쪽

문제	답 1	답 2
1 손전등 안쪽에는 빛을 모으기 위해 ____을 쓴다.	오목 거울	볼록 거울
2 전지 두 개의 (+)극끼리 연결하는 방법을 ____ 연결이라 한다.	병렬	직렬
3 용수철은 ____이 있어서 모양이 원래대로 돌아가려는 성질이 있다.	탄성	소성
4 높은 다이빙대 위에 있는 사람은 ____에너지가 최대이다.	위치	운동
5 도르래의 원리로 물체를 들어올리는 도구는 ____이다.	기중기	굴삭기
6 달리는 자동차는 ____에너지를 가지고 있다.	운동	위치
7 푸른 리트머스 종이를 붉게 변화시키는 레몬즙은 ____이다.	산성	염기성
8 낮말을 새가 듣는 이유는 소리가 굴절하여 ____로 가기 때문이다.	위	아래

100쪽 정답 1 ○ 2 × 3 ○ 4 × 5 ○ 6 ○ 7 × 8 ○

사다리 퀴즈

알쏭달쏭 수수께끼! 사다리를 타면 답이 나와.

정답 105쪽

1 뭐든 반대로 따라 하는 것은?

2 새는 새인데 코로 들어오는 새는?

3 세상에서 가장 뜨거운 소는?

4 많이 먹어도 하늘로 올라가는 것은?

5 종은 종인데 울리면 문이 열리는 종은?

6 항상 북쪽만 손가락질하는 것은?

7 모두 다른 데 있는 점은?

8 잡아당기면 안 열리는 문은?

- 나침반
- 연소
- 녹는점
- 초인종
- 냄새
- 풍선
- 회전문
- 거울

101쪽 정답 1 있다 2 있다 3 있다 4 없다 5 있다 6 있다

왜?왜? 퀴즈

왜? 왜그럴까? 숨겨진 이유를 찾아봐.

정답 101쪽

1

왜 나침반의 바늘은 항상 북쪽을 가리킬까? (답은 2개)

① 지구가 커다란 자석이어서
② 땅에 자석 가루가 있어서
③ 나침반 바늘이 자석이어서

2

왜 지하철 표에 자석을 대면 못 쓰게 될까?

① 표 속의 철가루가 깨져서
② 표 속의 자석이 위치가 바뀌어서
③ 표의 금속이 자석에 붙어서

3

왜 문의 손잡이는 항상 중심에서 벗어 난 바깥에 달려 있을까?

① 문을 조용하게 움직이려고
② 적은 힘으로 문을 움직이려고
③ 문을 고장 내지 않으려고

4

왜 다리 중간에는 쇠로 만든 틈이 있을까?

① 무게를 지탱하려고
② 공기가 잘 통하라고
③ 늘어나거나 휘는 걸 대비하려고

102쪽 정답 1 오목 거울 2 병렬 3 탄성 4 위치 5 기중기 6 운동 7 산성 8 위

● 왜 물은 수증기가 되면 부피가 늘어날까?

① 알갱이가 커져서
② 알갱이 사이의 거리가 멀어져서
③ 알갱이 수가 많아져서

● 왜 무더운 여름에는 자전거 바퀴에 공기를 가득 넣지 않을까?

① 공기가 뜨거워지면 무거워져서
② 공기가 뜨거워지면 가벼워져서
③ 공기가 뜨거워지면 부피가 커져서

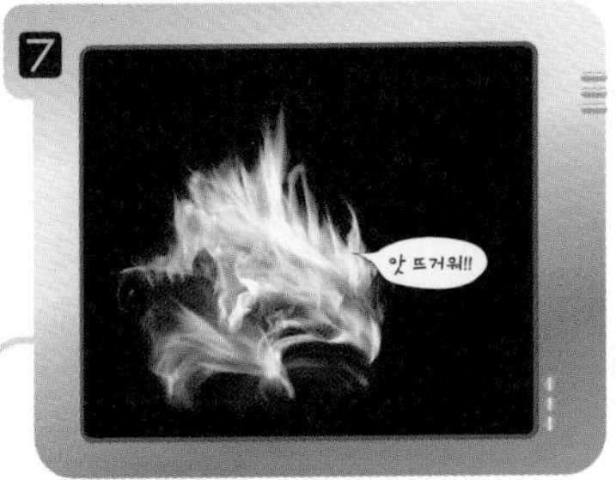

● 왜 불에 타고 있는 종이는 아주 뜨거울까?

① 불이 빨간색이어서
② 물질에 산소가 빠르게 붙어서
③ 탈 때 검은 연기가 나와서

● 왜 불이 난 곳에 소화기의 흰 가루를 뿌리면 불이 꺼질까?

① 물로 변해서
② 열을 빨아들여서
③ 산소가 물질에 못 붙어서

103쪽 정답 1 거울 2 냄새 3 연소 4 풍선 5 초인종 6 나침반 7 녹는점 8 회전문

stage 2

집중탐구 퀴즈

빛 1

빛 2

1 유리로 만든 컵은 투명해. 왜 그럴까?

① 빛이 통과해서
② 빛을 반사해서
③ 빛을 가두어서

2 햇빛이 프리즘을 통과하면 무지개가 생겨. 왜 그럴까?

① 햇빛이 뜨거워져서
② 햇빛이 밝아져서
③ 햇빛이 여러 색으로 나뉘어서

3 여러 색의 물감을 섞으면 검은색이 돼. 여러 색의 빛을 섞으면 어떤 색이 될까?

① 검은색 ② 흰색
③ 회색

4 빛이 있어야만 책을 볼 수 있어. 책은 어떻게 눈에 보이는 걸까?

① 책에 반사된 빛이 눈에 들어와서
② 눈에서 나온 빛이 책에 닿아서
③ 책이 머금은 빛이 눈에 들어와서

5 공기가 없는 우주에서 소리는 들을 수 없는데 볼 수는 있어. 왜 볼 수 있을까?

① 빛이 똑바로 나아가서
② 빛이 진공에서도 나아가서
③ 빛이 소리보다 빨라서

6 빛이 공기를 지나가다가 물을 만났어. 어떻게 될까?

① 꺾이며 통과해.
② 물에서 튕겨 나와.
③ 물 속을 곧장 통과해.

거울 1

렌즈

7 앞이 볼록한 거울에 내 모습을 비췄어. 키는 어떻게 보일까?

① 작아 보여. ② 커 보여.
③ 똑같아 보여.

8 볼록 거울로는 평면 거울보다 넓은 면을 볼 수 있어. 다음 중 볼록 거울은 어디에 쓰일까?

① 화장대 거울 ② 세면대 거울
③ 자동차 백미러

9 손전등의 전구를 감싸고 있는 거울은 오목 거울이야. 왜 오목 거울을 쓸까?

① 빛을 멀리 못 가게 하려고
② 빛을 모으려고
③ 빛을 만들려고

10 돋보기로는 글자를 크게 볼 수 있어. 왜 그럴까?

① 빛이 돋보기를 통과해 넓게 퍼져서
② 돋보기의 표면이 울퉁불퉁해서

11 돋보기는 햇빛이 잘 비치는 곳에서 종이를 태울 수 있어. 왜 그럴까?

① 빛이 닿으면 열이 나서
② 빛을 데워서
③ 빛을 한 점에 모아 줘서

12 현미경으로는 작은 물체를 크게 볼 수 있어. 다음 중 현미경 안에는 무엇이 들어 있을까?

① 볼록 거울 ② 오목 렌즈
③ 볼록 렌즈

정답과 해설은 뒤쪽에 있어.

집중탐구 퀴즈 정답 & 해설

빛 1

정답 1.① 2.③ 3.②

유리컵은 투명하고 사기그릇은 불투명해요. 유리컵은 빛이 통과하고, 사기그릇은 빛이 통과할 수 없기 때문이에요.
빛엔 여러 가지 색이 섞여 있어요. 그래서 프리즘을 통과하면 빨강, 주황, 노랑, 초록, 파랑, 남색, 보라 등 여러 색의 빛으로 나뉘어요. 무지개도 빛이 물방울을 통과해서 나뉘는 현상이에요.
여러 가지 색의 빛은 섞으면 섞을수록 밝아져 결국 흰색이 돼요. 그래서 빛을 '백색광' 이라고 해요.

빛 2

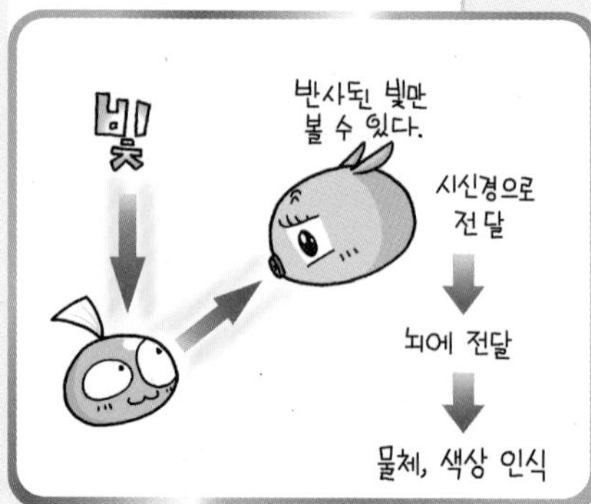

정답 4.① 5.② 6.①

우리가 물체를 볼 수 있는 건 빛이 물체에 반사되어 우리 눈에 들어오기 때문이에요. 그래서 빛이 없는 곳에서는 물체를 볼 수 없어요.
소리는 소리를 전달해 주는 공기나 물 같은 물질이 있어야 들을 수 있어요. 하지만 빛은 전달해 주는 물질이 필요 없어요. 그래서 공기가 없는 우주에서는 소리를 들을 수는 없지만 볼 수는 있어요.
빛이 나가다 다른 물질을 만나면 꺾이거나 반사돼요. 가령 공기를 통과하던 빛이 물을 만나면 꺾여요.

거울 1

정답 7. ① 8. ③ 9. ②

평평한 거울에 비친 물체의 크기는 실제 크기와 같아요. 화장실의 큰 거울은 평면 거울이에요.

볼록 거울은 배가 볼록한 거울로, 물체가 항상 실제 크기보다 작게 보이고, 넓은 면을 보여 줘요. 볼록 거울은 자동차의 백미러나 슈퍼마켓의 감시용 거울로 이용돼요.

오목 거울은 배가 오목해서 빛을 모아 주고, 물체를 크게 보여 줘요. 오목 거울은 의사가 머리에 쓰는 반사경이나 손전등 속의 전구를 감싸는 거울로 이용돼요.

렌즈

정답 10. ① 11. ③ 12. ③

볼록 렌즈는 가운데가 가장자리보다 두꺼운 렌즈로, 돋보기를 만들 때 사용해요.

볼록 렌즈를 통과한 빛은 넓게 퍼져 글씨를 크게 보여 주고, 햇빛을 모아 줘서 종이를 태울 수 있어요. 볼록 렌즈는 현미경에선 작은 물체를 크게 보게 해 주고, 망원경에선 멀리 있는 물체를 크게 보여 줘요.

오목 렌즈는 가장자리가 가운데보다 두꺼운 렌즈로, 물체를 작게 보여 주지만 넓게 보여 줘서 시력 교성용 안경에 쓰여요.

106~107쪽 정답이야.

집중탐구 퀴즈

문제를 잘 읽고 맞는 것을 골라봐. 쉽지 않을걸!

그림자 1

물결

13 그림자는 낮보다 아침과 저녁에 길어. 왜 그럴까?

① 해가 높게 떠서
② 해가 낮게 떠서
③ 햇빛이 약해서

14 그림자의 둘레는 흐릿해. 왜 그럴까?

① 빛이 물체의 둘레를 통과하지 못해서
② 빛이 물체의 둘레를 만나 살짝 휘어서

15 가끔 달이 까맣게 보이는 월식이 생겨. 월식은 왜 생길까?

① 지구의 그림자가 달을 가려서
② 태양의 그림자가 달을 가려서
③ 달에 검은 흙이 많이 생겨서

16 잔잔한 물 위에 돌을 던지면 물결이 생겨. 물결은 왜 생길까?

① 공기가 물을 흔들어서
② 떨어진 돌이 물을 흔들어서
③ 흔들린 물이 옆의 물을 흔들어서

17 돌이 떨어진 곳 중심에는 물결이 생겨. 어떤 모양 물결이 생길까?

① 둥근 원 모양 ② 긴 막대 모양
③ 네모 모양

18 물결이 치는 물 위에 나뭇잎을 띄우면 왜 나뭇잎은 위아래로만 움직일까?

① 나뭇잎이 가벼워서
② 물이 위아래로 흔들려서
③ 공기가 붙들어서

소리 1

19 책상을 치면 '쾅' 하는 소리가 들려. 왜 그럴까?

① 책상 안에서 소리가 만들어져서
② 책상이 주변의 공기를 흔들어서

20 소리는 물질마다 전달되는 속도가 달라. 다음 중 소리가 가장 빠르게 전달되는 물질은 뭘까?

① 공기 ② 물 ③ 쇠

21 창문을 이중으로 닫으면 창밖의 소리가 잘 안 들려. 왜 그럴까?

① 소리가 두 번 흡수돼서
② 소리가 두 번 튕겨서

악기

22 보통 줄을 튕기면 소리가 작은데 왜 기타 줄을 튕기면 큰 소리가 날까?

① 기타 줄이 가늘어서
② 기타의 통과 통 속의 공기가 흔들려서

23 리코더는 구멍을 막는 법에 따라 소리가 달라. 왜 그럴까?

① 리코더 속 공기 양이 달라져서
② 리코더 속 공기가 다르게 흔들려서

24 징은 소리가 오래 울리고 꽹과리는 짧게 울려. 왜 그럴까?

① 징의 채가 더 커서
② 징의 판이 더 커서
③ 징의 판이 더 단단해서

정답과 해설은 뒤쪽에 있어.

그림자 1

정답 13. ② 14. ② 15. ①

그림자는 물체에 빛이 통과하지 못해 생겨요. 해가 낮게 뜬 아침과 저녁엔 길고 색이 흐리고, 해가 높게 뜬 한낮엔 짧고 색이 진해요.

하지만 빛도 물체의 둘레를 지날 때 곧게 나아가지 못하고 방향이 살짝 휘어요. 그래서 그림자의 윤곽은 뚜렷하지 않고 흐릿해요. 이런 빛의 성질을 '회절'이라고 해요.

월식은 달이 지구의 그림자에 가려 전부 또는 일부가 보이지 않는 현상으로, 지구가 태양과 달 사이에 있을 때 생겨요.

물결

정답 16. ③ 17. ① 18. ②

잔잔한 물 위에 돌을 던지면 원 모양의 물결이 퍼져 나가요. 돌이 떨어질 때 흔들린 물이 옆의 물을 흔들기 때문이에요. 이렇게 흔들림이 퍼지는 현상을 '파동'이라고 해요.

원 모양의 물결은 물의 흔들림이 모든 방향으로 똑같은 속도로 퍼져서 생겨요.

물결이 치는 곳에 나뭇잎을 띄우면 나뭇잎은 앞으로 나가지 않고 위아래로만 움직여요. 물이 앞으로 퍼지는 것이 아니라 흔들림만 퍼지기 때문이에요.

소리 1

정답 19. ② 20. ③ 21. ①

책상을 치면 '쾅' 하고 소리가 들리는 건 책상이 흔든 공기가 우리 귀 안의 고막을 흔들기 때문이에요.

소리는 전달하는 물질에 따라 빠르기가 달라요. 소리는 공기보다 단단한 쇳덩이를 지날 때 더 빨라요. 쇳덩이를 이루는 알갱이가 공기의 알갱이보다 더 빽빽이 붙어 있어 흔들림을 잘 전달하기 때문이에요.

창문을 이중으로 닫으면 창밖의 소리가 잘 들리지 않아요. 소리가 유리를 통과할 때 두 번 흡수되기 때문이에요.

악기

정답 22. ② 23. ② 24. ②

기타 줄을 튕기거나 바이올린의 줄을 켜면 소리가 크게 나요. 줄이 흔들릴 때 줄에 붙어 있는 통과 통 안의 공기가 함께 흔들리기 때문이에요.

리코더는 구멍을 막는 방법에 따라 다른 소리가 나요. 열고 닫는 구멍이 달라지면 관과 관 속 공기의 흔들림이 달라지기 때문이에요.

징은 낮은 소리가 오래 울리고, 꽹과리는 높은 소리가 짧게 울려요. 징의 판이 꽹과리 판보다 넓어서 공기를 더 오래 흔들기 때문이에요.

110~111쪽 정답이야.

집중탐구 퀴즈

문제를 잘 읽고 맞는 것을 골라봐. 쉽지 않을걸!

균형잡기

무게

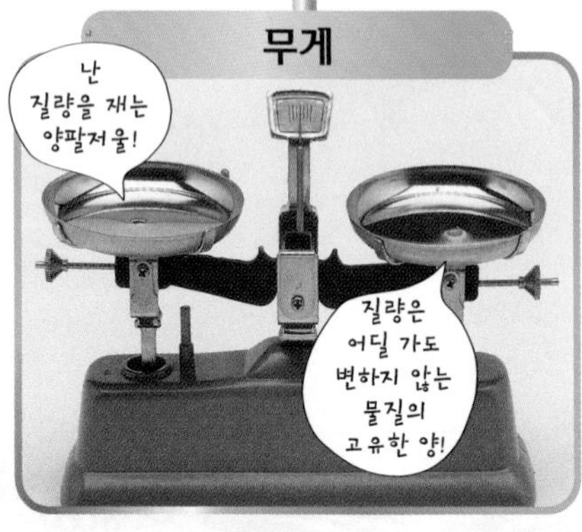

25 자를 손가락 위에 수평으로 올려 놓으려고 해. 자의 어느 부분에 손가락을 둘까?

① 자의 오른쪽에 ② 자의 왼쪽에
③ 자의 정가운데

26 숟가락을 손가락 위에 올려 수평을 맞추려고 해. 숟가락의 어느 부분에 손가락을 둘까?

① 정가운데 ② 동그란 쪽
③ 손잡이 쪽

27 쥐와 고양이가 시소에 앉으면 고양이 쪽으로 기울어. 다음 중 균형을 맞추는 방법은 무엇일까?

① 고양이 한 마리를 더 올려.
② 받침대를 고양이 쪽으로 옮겨.

28 지구에서 잰 사과 상자의 무게가 왜 달에서는 줄어들까?

① 사과의 크기가 작아져서
② 공기가 없어서
③ 지구보다 당기는 힘이 약해서

29 달에 가면 사과의 무게가 줄어 들어. 사과의 양이 줄어든 걸까?

① 그럼, 양이 줄어서 무게가 적게 나가는 거야.
② 아니, 양은 변함없어.

30 질량이 큰 물체는 들어 올리기가 힘들어. 질량이 크면 무게는 어떨까?

① 가벼워. ② 무거워.
③ 질량과 무게는 관계없어.

전기 1

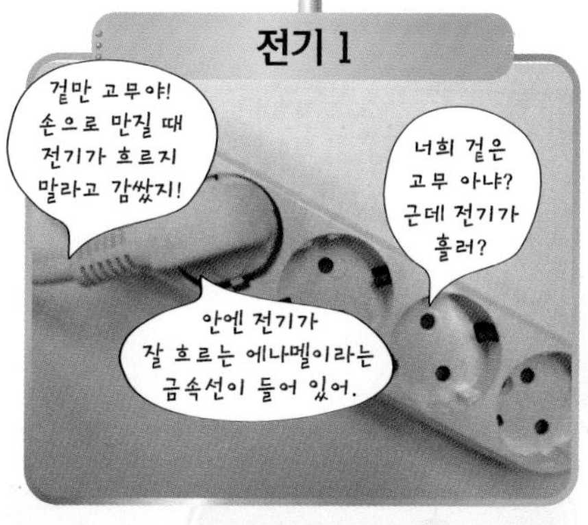

31 젖은 손으로 플러그를 잡으면 감전될 수 있어. 왜 그럴까?

① 땀이 물에 녹아 전기가 흘러서
② 전기는 물에서 잘 흘러서
③ 젖은 손엔 전자가 많아서

32 왜 쇠는 전기가 잘 통할까?

① 전기를 잘 빨아들여서
② 딱딱해서
③ 전기를 옮기는 알갱이가 잘 움직여서

33 전깃줄의 속은 금속이고 겉은 고무야. 왜 겉은 고무로 감쌀까?

① 전기가 더 빠르게 흐르게 하려고
② 전기가 밖으로 흐르지 않게 하려고

건전지와 전류

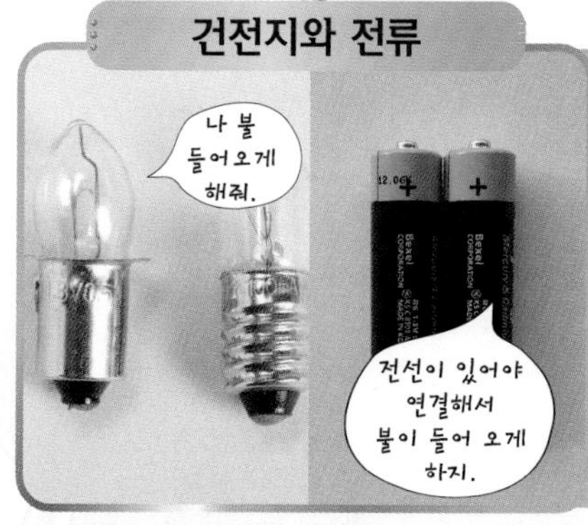

34 건전지에 전선과 전구를 연결하면 전구에 불이 들어와. 건전지는 어떻게 전기를 만들까?

① 물이 뜨거워져서
② 탄소 막대가 화학 물질과 만나서

35 건전지에 전선을 연결했어. 전기 알갱이는 어떻게 움직일까?

① 전기 알갱이가 서로 다른 방향으로 움직여.
② 전기 알갱이가 한쪽으로 움직여.

36 전류가 흐르는 길이 한 개인 것을 직렬 연결이라고 해. 길이 두 개 이상인 것은 뭐라고 할까?

① 직렬 연결 ② 병렬 연결
③ 혼합 연결

정답과 해설은 뒤쪽에 있어.

집중탐구 퀴즈 정답 & 해설

균형잡기

정답 25. ③ 26. ② 27. ②

자는 정중앙에 손가락을 두면 수평이 돼요. 자는 정중앙에 양쪽의 무게가 같은 점이 있기 때문이에요.
숟가락을 손가락 위에 올려 균형을 맞추려면 정중앙이 아니라 숟가락의 동그란 쪽을 손가락에 올려야 해요. 숟가락은 양쪽의 무게가 같은 점이 무게가 무거운 동그란 쪽에 있기 때문이에요.
쥐와 고양이가 시소에 앉으면 무거운 고양이 쪽으로 기울어요. 이 때 받침대를 무거운 고양이 쪽으로 옮기면 양쪽의 무게가 같아져요.

무게

정답 28. ③ 29. ② 30. ②

무게는 천체가 물체를 잡아당기는 힘의 크기예요. 지구와 달은 물체를 끌어당기는 힘의 크기가 달라요. 달은 지구보다 물체를 6분의 1의 힘으로 약하게 잡아당겨요. 그래서 지구에서 30킬로그램인 사과 상자가 달에서는 5킬로그램이 돼요. 하지만 사과의 질량은 변함없어요. 질량은 어디에서도 변하지 않는 물체의 양이에요.
질량이 큰 물체일수록 무게도 커요. 질량이 크면 지구가 더 큰 힘으로 잡아당기기 때문이에요.

전기 1

건전지와 전류

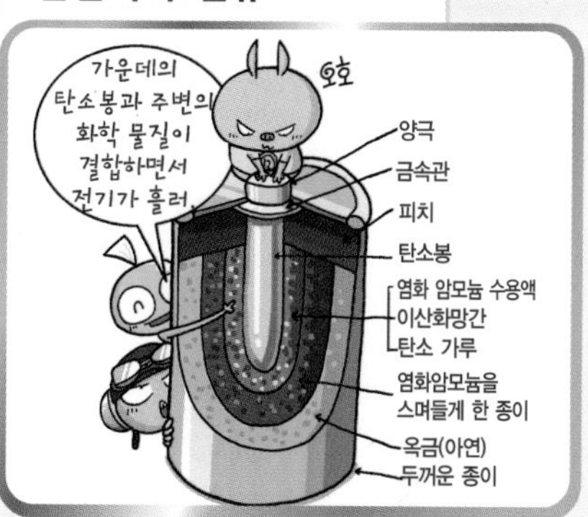

정답 31. ① 32. ③ 33. ②

순수한 물은 전기가 통하지 않아요. 그런데 물에 젖은 손으로 전자 제품의 플러그를 꽂으면 전기가 통해서 감전될 수 있어요. 소금기가 있는 손의 땀이 물에 녹아 전기가 통하기 때문이에요.

쇠젓가락은 전기가 잘 통해요. 전기를 옮기는 알갱이인 '전자'가 금속에서는 잘 움직이기 때문이에요. 반대로 고무나 유리에서는 전자가 잘 움직이지 않아 전기가 잘 통하지 않아요. 전선의 겉은 전기가 밖으로 흐르지 않게 고무로 감싸요.

정답 34. ② 35. ② 36. ②

건전지는 전기를 만드는 장치로, 안에 든 탄소 막대와 주변의 화학 물질이 만나 전기를 만들어요.

건전지에 전선을 연결하면, 전자가 항상 건전지의 평평한 곳(−극)에서 튀어나온 곳(+극)으로 움직이며 전기가 흘러요.

건전지와 전구를 연결하는 방법에는 직렬 연결과 병렬 연결이 있어요. 직렬 연결은 전류가 흐르는 길이 한 개이고, 병렬 연결은 전류가 흐르는 길이 여러 갈래여요.

114~115쪽 정답이야.

집중탐구 퀴즈

문제를 잘 읽고 맞는 것을 골라봐. 쉽지 않을걸!

전구

전구 연결 방법

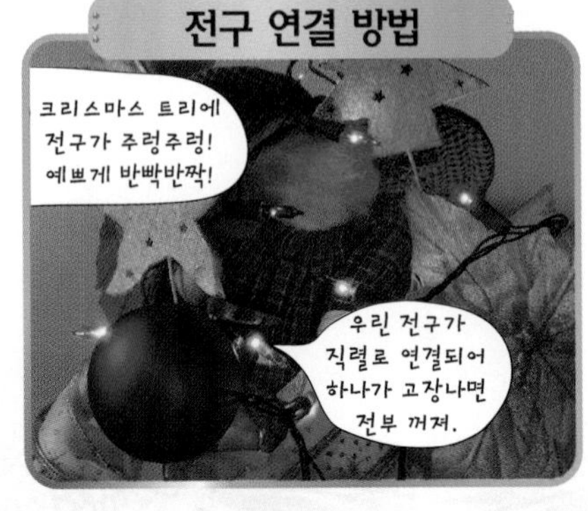

37 전구를 건전지와 연결하면 불이 들어와. 전구는 어떻게 빛을 낼까?

① 전구 속 기체가 뜨거워서
② 필라멘트와 전기 알갱이가 부딪쳐서

38 전구의 빛을 더 밝게 하려면 다음 중 어떻게 하면 될까?

① 전선을 가는 것으로 바꿔.
② 전구의 유리구를 두껍게 해.
③ 건전지를 직렬로 더 연결해.

39 전구는 필라멘트에서 빛이 나서 불빛이 노래. 형광등 불빛은 왜 흰색일까?

① 형광등 겉면이 흰색이어서
② 전기 알갱이가 흰색이어서
③ 형광등 속에 바른 물질이 빛나서

40 여러 개의 전구를 연결한 곳에 전구 하나를 더 연결했더니 어두워 졌어. 전구를 어떻게 연결했을까?

① 직렬로 ② 병렬로
③ 직렬과 병렬을 섞어서

41 전구를 병렬로 연결한 곳에 전구 하나를 병렬로 더 연결했어. 전구의 밝기는 어떻게 될까?

① 밝아져. ② 어두워져.
③ 변함이 없어.

42 전구를 직렬로 연결했어. 전구 하나가 고장나면 나머지는 어떻게 될까?

① 다 꺼져.
② 불이 계속 들어와.
③ 불이 깜박거려.

전지 연결 방법

전자석

43 전기 회로에 건전지를 병렬로 하나 더 연결하면 전구의 밝기는 어떻게 될까?

① 더 밝아져. ② 더 희미해져.
③ 변하지 않아.

44 건전지를 오래 사용하려면 어떻게 연결하는 게 좋을까?

① 직렬로 ② 병렬로
③ 둘 다 같아.

45 전지의 직렬 연결은 다음 중 어떤 곳에 쓰일까?

① 라디오 카세트
② 은은한 레스토랑 조명
③ 집 안의 전기선

46 나침반의 바늘은 항상 북쪽을 가리켜. 왜 그럴까? (답은 2개)

① 지구가 커다란 자석이어서
② 땅에 자석 가루가 있어서
③ 나침반 바늘이 자석이어서

47 자석 주위에 철가루를 뿌리면 어떻게 될까?

① 철가루가 갈라져.
② 동그랗게 늘어서.
③ 불규칙하게 흩어져.

48 지하철 표에 자석을 대면 못 쓰게 될 수 있어. 왜 그럴까?

① 표 속의 철가루가 깨져서
② 표 속의 자석이 위치가 바뀌어서
③ 표의 금속이 자석에 붙어서

정답과 해설은 뒤쪽에 있어.

집중탐구 퀴즈 정답 & 해설

전구

정답 37. ② 38. ③ 39. ③

건전지와 전구를 전선으로 연결하면 전구에 불이 들어와요. 전구의 필라멘트가 전자의 흐름을 방해할 때 빛과 열이 나기 때문이에요.

전구의 빛을 더 밝게 하려면 건전지를 직렬로 연결하면 돼요. 건전지의 개수가 늘어나면 필라멘트 속으로 전자가 더 빨리 움직이기 때문이에요.

형광등은 전구와는 달리 필라멘트가 빛을 내는 것이 아니라, 형광등 속에 발려 있는 형광 물질이 하얀빛을 내요.

전구 연결 방법

정답 40. ① 41. ③ 42. ①

전구의 직렬 연결은 하나의 전선에 전구가 나란히 이어진 연결이에요. 전구를 직렬로 연결하면 전구의 밝기는 점점 어두워져요. 전자의 흐름을 방해하는 필라멘트가 많아지기 때문이에요. 직렬 연결은 전구 중 하나가 고장 나면 전기가 흐르는 길이 막혀 다른 전구들도 다 불이 들어오지 않아요.

전구를 병렬로 연결하면 전구의 밝기는 변하지 않아요. 또 전구를 병렬로 연결하면 전구 중 하나가 꺼져도 다른 전구는 꺼지지 않아요.

전지 연결 방법

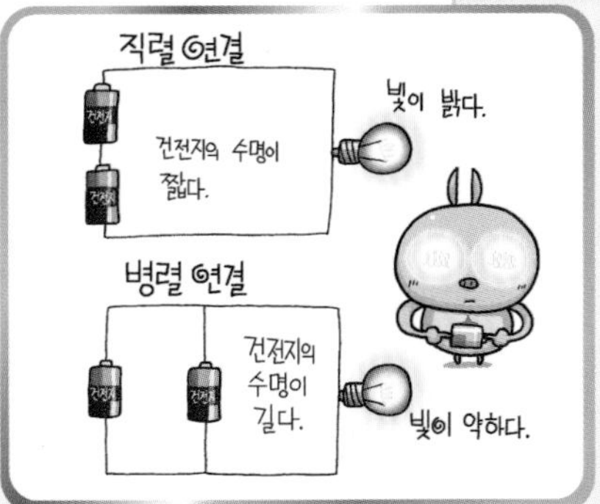

전자석

정답 43. ③ 44. ② 45. ①

전기 회로에 건전지를 직렬로 연결하면 에너지 소모가 커요. 그래서 건전지를 직렬로 연결하면 전구의 빛이 밝지만, 건전지를 오래 쓸 수는 없어요. 그래서 건전지의 직렬 연결은 라디오 카세트처럼 많은 양의 전기가 필요한 곳에 쓰여요.

전기 회로에 건전지를 병렬로 연결하면 전구의 밝기는 변하지 않지만 건전지를 오래 쓸 수 있어요. 그래서 건전지의 병렬 연결은 오랫동안 전기를 써야 하는 게임기나 사진기 등에 쓰여요.

정답 46. ①, ③ 47. ② 48. ②

나침반의 바늘은 항상 북쪽을 가리켜요. 지구가 커다란 자석이고 나침반 바늘도 자석이기 때문이에요. 자석 주변에 철가루를 뿌리면 동그랗게 늘어서요. 자석 주변에 자석의 힘이 미치는 '자기장'이라는 공간이 생겼기 때문이에요. 철가루는 자기장과 같은 모양으로 늘어서요. 지하철 표에는 정보를 저장한 자석선이 있어요. 만약 표 주변에 자석을 대면 표 뒷면의 자석 위치가 바뀌며 정보를 잃게 돼 표를 못 쓰게 될 수 있어요.

118~119쪽 정답이야.

속담퀴즈 열쇠를 찾아봐. 속담이 보일거야.

갓 쓰고 ▒▒▒ 탄다.

➔ 격에 맞지 않는 행동

▒▒ 은 달면 너무 뜨겁다.

➔ 작은 일로는 화내지 않는다.

제 얼굴 더러운 줄 모르고 ▒▒만 나무란다.

➔ 자기 잘못은 모르고 남의 탓만 한다.

아니 땐 ▒▒에 연기 날까

➔ 결과가 있으면 반드시 원인이 있다.

가지 많은 ▒▒에 바람 잘 날 없다.

➔ 자식이 많은 부모는 걱정이 끊일 날이 없다.

굴뚝 거울 강철

자전거 나무

또또퀴즈

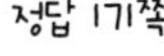
정답 171쪽

아래 두 그림에서 서로 다른 곳 다섯 군데를 찾아봐.

79쪽 정답 ❶

stage 3 집중탐구 퀴즈

문제를 잘 읽고 맞는 것을 골라봐. 쉽지 않을걸!

물체의 운동

49 치타는 빠르지만 거북이는 느려. 빠르기는 어떻게 표시할까?

① 최대한 움직일 수 있는 거리로
② 같은 시간 동안 움직인 거리로
③ 가장 오랫동안 움직인 시간으로

50 축구공이 굴러가고 있어. 축구공을 빨리 가게 하려면 어떻게 할까?

① 움직이는 방향으로 밀어.
② 움직이는 반대 방향으로 밀어.
③ 움직이는 방향과 직각으로 밀어.

51 원 운동은 둥글게 도는 운동이야. 다음 중 원 운동을 하는 건 뭘까?

① 회전 목마 ② 고속 열차
③ 유람선

여러 가지 에너지

52 에너지가 있는 물체는 일을 해. 다음 중 에너지를 가진 물체는 뭘까?

① 공원에 서 있는 나무
② 빠르게 움직이는 자동차
③ 바닥에 놓인 책상

53 높은 다이빙대 위에 다이빙을 하려는 선수가 서 있어. 이 선수는 어떤 에너지를 가지고 있을까?

① 운동 에너지 ② 위치 에너지
③ 열 에너지

54 달리는 차는 에너지를 가지고 있어. 어떤 에너지를 가지고 있을까?

① 운동 에너지 ② 위치 에너지
③ 빛 에너지

물리와 화학

에너지 전환

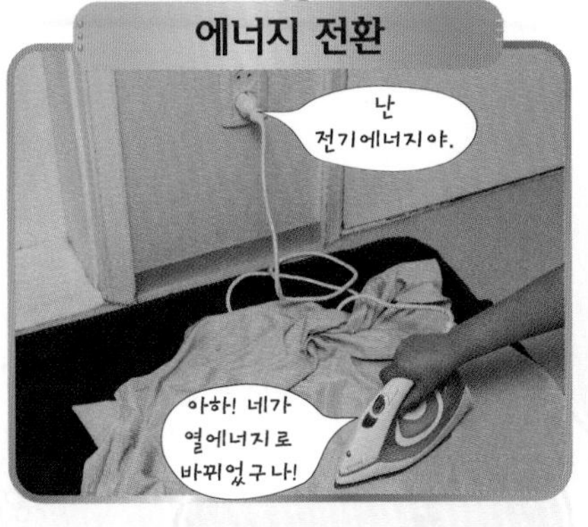

전기 에너지

55 차가 점점 속력이 빨라져. 차의 운동 에너지는 어떻게 될까?

① 커져. ② 작아져.
③ 변화 없어.

56 흐린 날 구름에선 빗방울이 떨어져. 빗방울의 에너지는 어떻게 바뀔까?

① 운동 에너지가 열 에너지로
② 위치 에너지가 빛 에너지로
③ 위치 에너지가 운동 에너지로

57 다리미로 옷을 다릴 수 있는 건 전기 에너지가 이 에너지로 바뀌었기 때문이야. 어떤 에너지로 바뀌었을까?

① 위치 에너지 ② 빛 에너지
③ 열 에너지

58 수력 발전소에서는 높은 곳에서 떨어지는 물로 전기를 만들어. 화력 발전소에서는 어떻게 전기를 만들까?

① 석탄과 석유를 태워서
② 태양 에너지를 모아서

59 선풍기는 모터를 이용해 날개가 돌아가. 모터에선 전기 에너지가 어떤 에너지로 바뀔까?

① 운동 에너지 ② 열 에너지
③ 소리 에너지

60 텔레비전에서는 전기 에너지가 어떤 에너지로 바뀔까? (답은 2개)

① 소리 에너지 ② 빛 에너지
③ 운동 에너지

정답과 해설은 뒤쪽에 있어.

집중탐구 퀴즈 정답&해설

물체의 운동

정답 49. ② 50. ① 51. ①

물체가 움직이는 빠르기를 나타내는 방법에는 두 가지가 있어요. 하나는 같은 시간에 움직인 거리를 표시하는 방법이고, 하나는 같은 거리를 움직이는 데 걸리는 시간을 표시하는 방법이에요.

굴러 가는 축구공을 더 빨리 굴러 가게 하려면 움직이는 방향으로 밀어야 해요. 움직이는 반대 방향으로 밀면 느려져요.

원 운동은 원 모양으로 도는 운동으로, 회전목마나 다람쥐 쳇바퀴 돌리기가 원 운동에 속해요.

여러 가지 에너지

정답 52. ② 53. ② 54. ①

물체가 에너지를 가지고 있으면 다른 물체를 움직이는 일을 할 수 있어요. 공원에 서 있는 나무는 에너지가 없어서 일을 할 수 없고, 달리는 차나 높은 곳에 있는 물체는 에너지가 있어서 일을 할 수 있어요.

운동 에너지는 차가 달리거나 공이 굴러 가는 것처럼, 물체가 움직일 때 갖는 에너지예요.

위치 에너지는 다이빙 선수가 다이빙대 위에 서 있거나 사과가 나무에 매달린 것처럼, 물체가 높은 곳에 있을 때 갖는 에너지예요.

에너지 전환

정답 55. ① 56. ③ 57. ③

운동 에너지는 빠르게 움직이는 물체일수록 커요. 그래서 빠르게 움직이는 차는 느리게 움직이는 차보다 에너지가 커 더 많은 일을 할 수 있어요. 위치 에너지는 높은 곳에 있는 물체일수록 커요.

빗방울은 아래로 떨어지며 위치 에너지가 운동 에너지로 바뀌어요. 높은 곳에서 위치 에너지를 가진 빗방울이 아래로 내려오며 속도가 점점 빨라지기 때문이에요.

다리미는 전기 에너지가 열 에너지로 바뀌어 옷을 다릴 수 있어요.

전기 에너지

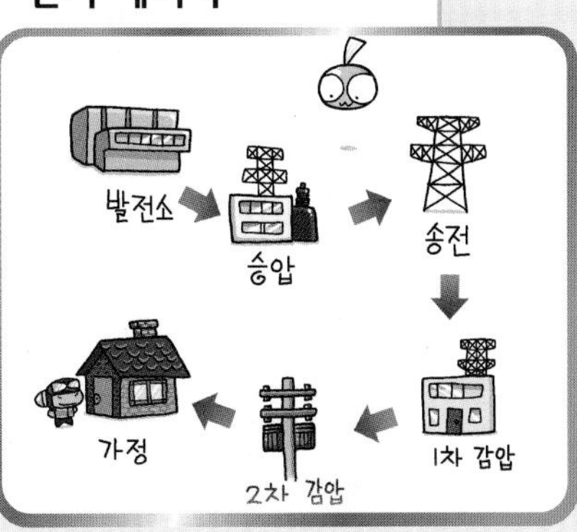

정답 58. ① 59. ① 60. ①, ②

화력 발전소에서는 석탄과 석유를 태워서 전기를 만들어요. 석탄과 석유를 태운 열로 물을 끓이고, 이 끓은 물로 발전기를 돌려 전기를 만들어요. 수력 발전소는 물이 높은 곳에서 떨어지는 힘으로 발전기를 돌려 전기를 만들어요. 이렇게 만들어진 전기는 변전소에서 전압을 낮춰 집으로 들어와요.

전기 에너지는 선풍기에선 모터를 돌려 날개를 돌리는 운동 에너지로 바뀌고, 텔레비전에선 빛 에너지와 소리 에너지로 바뀌어요.

124-125쪽 정답이야.

집중탐구 퀴즈

문제를 잘 읽고 맞는 것을 골라봐. 쉽지 않을걸!

도구 1

도구 2

61 지레는 긴 판 아래에 받침대를 받쳐 무거운 물체를 들어 올리는 도구야. 다음 중 지레를 이용한 도구는 뭘까?

① 못 ② 톱 ③ 병따개

62 거중기는 이것을 여러 개 연결해 작은 힘으로 물체를 들 수 있는 기계야. 이것은 뭘까?

① 바퀴 ② 도르래
③ 모터

63 거대한 돌로 쌓은 무덤인 피라미드의 돌은 어떻게 쌓았을까?

① 열기구로 날라서
② 빗면으로 끌어 올려서
③ 작게 쪼개서

64 압력은 힘을 받는 물체가 느끼는 충격이야. 압력을 크게 하려면 어떻게 할까? (답은 2개)

① 힘을 작게 해. ② 힘을 크게 해.
③ 힘을 받는 넓이를 작게 해.

65 왜 하이힐을 신으면 굽이 넓적한 구두를 신는 것보다 땅이 더 잘 파일까?

① 구두 굽이 높아서
② 땅에 닿는 면이 좁아서
③ 땅을 누르는 힘이 약해서

66 망치로 못을 박으려고 해. 다음 중 어떻게 하면 못이 잘 박힐까?

① 못을 세게 내리쳐.
② 못을 약하게 내리쳐.
③ 끝이 뭉툭한 못을 박아.

물질

금속

67 물은 물질이지만 소리는 물질이 아니야. 물질은 뭘까?

① 냄새가 나는 것
② 질량과 크기가 있는 것
③ 색이 있는 것

68 모든 물질은 그 물질만 가진 고유한 특성이 있어. 다음 중 물질의 고유한 특성은 뭘까? (답은 2개)

① 끓는 온도 ② 녹는 온도
③ 용액의 진하고 묽은 정도

69 물은 얼음으로도 수증기로도 변할 수 있어. 다음 중 어떨 때 변할까?

① 주위의 밝기가 바뀔 때
② 양이 점점 줄어들 때
③ 주위의 온도가 바뀔 때

70 금속은 대부분 고체인데 액체인 금속도 있어. 액체인 금속은 뭘까?

① 수은 ② 금
③ 다이아몬드

71 금속은 대부분 전기가 잘 흐르며 열이 잘 전달돼. 왜 열이 잘 전달될까?

① 반짝거려서
② 단단해서
③ 전기 알갱이가 있어서

72 철을 공기 중에 두면 겉표면에 녹이 슬어. 녹은 뭘까?

① 안쪽의 철이 바깥으로 나온 것
② 산소가 철에 달라붙은 것
③ 철 찌꺼기가 낀 것

집중탐구 퀴즈 정답&해설

도구 1

정답 61. ③ 62. ② 63. ②

지레는 긴 판 아래에 받침대를 받쳐 무거운 물체를 작은 힘으로 들어 올리는 도구예요. 병따개, 손톱깎이는 지레를 이용한 도구예요.

거중기는 도르래를 여러 개 연결한 기계예요. 여러 개의 도르래를 연결해 적은 힘으로 물체를 들어 올릴 수 있어요.

이집트의 피라미드는 거대한 돌덩이를 빗면으로 끌어 올려 만들었어요. 빗면으로 끌어 올리면 힘이 적게 들기 때문이에요. 계단도 빗면을 이용했어요.

도구 2

정답 64. ②, ③ 65. ② 66. ①

압력은 힘을 받는 물체가 느끼는 충격이에요. 압력을 크게 하려면 힘을 크게 하거나 힘을 받는 넓이를 좁게 하면 돼요.

하이힐을 신으면 굽이 넓적한 구두를 신는 것보다 땅이 더 잘 파여요. 하이힐이 굽이 넓적한 구두보다 땅에 닿는 면이 좁기 때문이에요.

망치로 못을 깊게 박으려면 끝이 뭉툭한 못보다 힘을 받는 넓이가 좁은 끝이 뾰족한 못을 사용하는 것이 좋아요. 또 망치를 세게 내려쳐야 못이 잘 박혀요.

물질

정답 67. ② 68. ①, ② 69. ③

물질은 질량과 크기가 있어요. 그래서 물이나 금속은 물질이지만 소리는 물질이 아니에요. 또 물질은 모두 작은 알갱이로 이루어져 있고, 온도나 압력에 따라 기체, 액체, 고체의 세 가지 상태로 변해요. 예를 들어 물은 온도를 높이면 수증기로, 온도를 낮추면 얼음으로 변해요.

모든 물질은 그 물질만의 고유한 특성이 있어요. 액체가 기체로 변하는 온도인 끓는점, 고체가 액체가 되는 온도인 녹는점은 물질마다 다른 고유한 특성이에요.

금속

정답 70. ① 71. ③ 72. ②

금속은 반짝반짝 광택이 나는 고체예요. 대부분의 금속은 단단하지만, 납처럼 손으로 누르면 들어갈 만큼 무른 금속도 있고, 수은처럼 액체인 금속도 있어요.

금속은 대부분 전기와 열이 잘 통해요. 금속 안에 있는 전기와 열을 전달해 주는 알갱이인 '전자'가 잘 움직이기 때문이에요.

철은 공기 중에 두면 겉면에 녹이 슬어요. 공기 속의 산소가 겉면의 철과 만나 산화철이라는 갈색의 물질을 만들기 때문이에요.

128-129쪽 정답이야.

집중탐구 퀴즈

문제를 잘 읽고 맞는 것을 골라봐. 쉽지 않을걸!

물질의 상태 변화 1

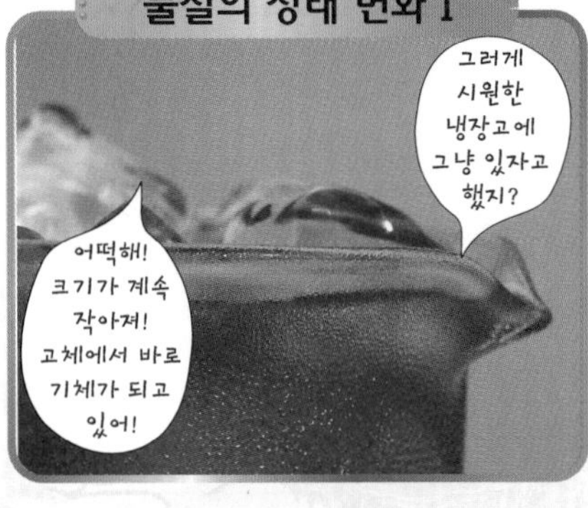

물질의 상태 변화 2

73 차가운 물이 든 컵은 바깥쪽에 물 방울이 맺혀. 물방울은 왜 생길까?

① 물이 컵의 구멍으로 빠져나와서
② 차가운 컵이 주변 공기의 온도를 낮춰서

74 고체인 드라이아이스는 공기 중에 두면 크기가 점점 작아져. 왜 그럴까?

① 기체로 날아가서
② 액체로 흘러서
③ 점점 단단하게 뭉쳐서

75 냉동실에는 수증기가 얼어서 눈같이 붙어 있어. 왜 수증기가 얼었을까?

① 음식물이 많아서
② 공간이 좁아서
③ 온도가 낮아서

76 얼음은 0℃부터 녹기 시작해. 버터는 몇 ℃부터 녹기 시작할까?

① 0℃보다 높은 온도에서
② 0℃보다 낮은 온도에서
③ 얼음처럼 0℃에서

77 얼음은 0℃부터 녹고 철은 1,500℃에서 녹아. 왜 철은 높은 온도에서 녹을까?

① 철의 안쪽이 너무 차가워서
② 철 알갱이가 단단히 붙어 있어서

78 질소 기체는 영하 200℃에서 액체가 돼. 액체 상태의 질소는 어디에 쓸까?

① 물질을 빨리 얼릴 때
② 물질을 빨리 끓일 때
③ 물질을 빨리 없앨 때

물질의 분리

79 소금과 모래가 섞여 있어. 모래만을 분리하려면 어떻게 해야 할까?

① 체에 쳐서 걸러 내.
② 거름 종이로 걸러 내.
③ 물을 부어 걸러 내.

80 석유 속에는 휘발유, 등유 같은 여러 가지 기름이 섞여 있어. 섞여 있는 기름을 어떻게 분리할까?

① 끓여서 ② 자석에 붙여서
③ 거름종이에 걸러서

81 식용유가 들어 있는 통에 물이 들어갔어. 물과 기름은 어떻게 될까?

① 모두 섞여.
② 물이 위로, 기름은 아래로 가.
③ 물은 아래로, 기름은 위로 가.

여러 가지 기체

82 종이가 불에 타는 건 이 기체가 있기 때문이야. 이 기체는 뭘까?

① 산소 ② 질소
③ 이산화탄소

83 태양은 수소 기체로 이루어져서 빛과 열을 내. 다음 중 수소의 성질은 무엇일까?

① 냄새가 나. ② 색이 있어.
③ 잘 폭발해.

84 이 기체를 유리관에 넣고 전기를 흘려 주면 밝은 빛이 나. 광고판에 많이 쓰는 이 기체는 뭘까?

① 이산화탄소 ② 네온
③ 수소

정답과 해설은 뒤쪽에 있어.

집중탐구 퀴즈 정답 & 해설

물질의 상태 변화 1

정답 73. ② 74. ① 75. ③

차가운 물이 든 컵의 겉면에는 물방울이 맺혀요. 차가운 물이 주변의 온도를 낮추면 공기 중의 수증기가 물방울로 바뀌어 컵 겉면에 맺히기 때문이에요.

드라이아이스는 고체에서 액체를 거치지 않고 바로 기체로 변해요. 그래서 드라이아이스나 나프탈렌을 공기 중에 두면 크기가 줄어요. 냉동실 벽에는 흰 눈 같은 성에가 붙어 있어요. 냉동실 안의 공기가 너무 차가워 공기 속 수증기가 바로 얼음으로 바뀌었기 때문이에요.

물질의 상태 변화 2

정답 76. ① 77. ② 78. ①

녹는점은 물질이 고체에서 액체로 바뀌는 온도로, 물질마다 모두 달라요. 얼음이 녹기 시작하는 온도는 0℃예요. 버터는 0℃에선 고체로 있고, 0℃보다 높은 온도에선 녹아요. 철은 1,500℃ 정도에서 녹아요. 철을 이루는 알갱이는 얼음이나 버터를 이루는 알갱이보다 단단하게 붙어 있어서 떼어 놓는 것이 쉽지 않기 때문이에요.

질소는 약 영하 200℃에서 기체에서 액체로 변해요. 온도가 낮은 액체 질소는 물질을 빨리 얼릴 때 써요.

물질의 분리

정답 79. ③ 80. ① 81. ③

소금과 모래가 섞이면 물로 분리할 수 있어요. 소금은 물에 잘 녹고 모래는 물에 녹지 않기 때문이에요.

원유에는 여러 가지 기름이 섞여 있어 끓여서 분리해요. 섞인 기름 중 기체로 바뀌는 온도가 가장 낮은 프로판 가스(LPG)가 가장 먼저 나오고, 다음으로 자동차의 연료인 휘발유가 나와요. 도로 포장에 쓰는 아스팔트는 가장 늦게 나와요.

물과 기름이 섞이면 물보다 가벼운 기름이 위에 떠요. 기름은 위에서 살짝 떠내면 분리할 수 있어요.

여러 가지 기체

정답 82. ① 83. ③ 84. ②

산소는 물질이 불에 탈 수 있게 해 주고, 몸 속에서 영양소와 만나 에너지를 만들어 줘요. 금속에 녹이 스는 것도 금속에 산소가 달라붙기 때문이에요.

수소는 기체 중에서 가장 가볍고 폭발력이 강해요. 태양도 수소 기체가 폭발해서 빛과 열을 내요.

네온 기체는 전기가 흐르면 밝은 빛을 내는데, 다른 기체와 섞여 여러 색의 빛을 내요. '네온사인'은 네온 기체가 들어 있는 등으로, 광고판에 많이 이용돼요.

132-133쪽 정답이야.

집중탐구 퀴즈

문제를 잘 읽고 맞는 것을 골라봐. 쉽지 않을걸!

기체의 성질

기체는 자유롭게 움직여.

기체를 이루는 알갱이가 스스로 움직이기 때문이야.

용액의 성질

85 굴뚝의 연기는 바람이 없어도 주위로 퍼져. 왜 그럴까?

① 연기 알갱이가 스스로 움직여서
② 연기 알갱이를 둘러싼 공기가 움직여서

86 풍선 안에 숨을 불어 넣으면 풍선이 부풀어. 왜 풍선이 부풀까?

① 숨 알갱이가 풍선 벽을 쳐서
② 숨이 뜨거워서
③ 숨 알갱이가 커져서

87 손으로 공을 눌러서 찌그러졌어. 찌그러진 공을 펴려면 어떻게 할까?

① 찬물에 넣어.
② 뜨거운 물에 넣어.
③ 바람이 잘 통하는 곳에 둬.

88 산성 용액은 대부분 신맛이 나. 다음 중 산성 용액은 뭘까?

① 오렌지 주스 ② 소금물
③ 설탕물

89 염기성 용액은 만지면 미끈미끈해. 다음 중 염기성 용액은 뭘까?

① 식초 ② 비눗물 ③ 콜라

90 신맛이 나는 산성 용액과 미끈미끈한 염기성 용액을 섞으면 어떻게 될까?

① 신맛이 더욱 강해져.
② 신맛도 안 나고 미끈거리지도 않는 물이 돼.

지시약

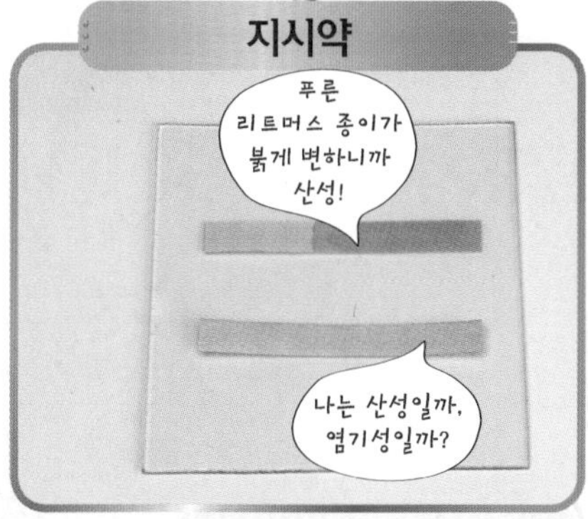

환경오염

91 다음 중 지시약은 뭘까? (답은 2개)

① 페놀프탈레인 용액
② 리트머스 시험지
③ 암모니아수

92 붉은 리트머스 종이에 비눗물을 묻혔어. 어떻게 될까?

① 붉은색이 더 진해져.
② 푸른색으로 변해.
③ 흰색으로 변해.

93 레몬즙에 푸른 리트머스 종이를 넣으면 붉게 변해. 레몬즙의 성질은 뭘까?

① 산성 ② 염기성 ③ 중성

94 공기가 오염되면 산성비가 내려. 다음 중 산성비는 왜 생길까?

① 공장의 매연 때문에
② 동물이 숨을 쉬어서
③ 쓰레기 냄새 때문에

95 대리석으로 만든 건물은 산성비가 내리면 녹아. 왜 그럴까?

① 대리석이 산성이어서
② 대리석이 너무 물러서
③ 대리석이 산성비에 녹아서

96 흙이 산성이 되면 식물이 자랄 수 없어. 다음 중 흙을 다시 중성으로 되돌리는 방법은 뭘까?

① 흙에 찬물을 부어.
② 흙에 석회 가루를 뿌려.

정답과 해설은 뒤쪽에 있어.

집중탐구 퀴즈 정답&해설

기체의 성질

정답 85. ① 86. ① 87. ②

굴뚝의 연기는 바람이 없는 날에도 퍼져요. 연기를 이루는 알갱이가 스스로 끊임없이 움직이기 때문이에요. 음식 냄새가 퍼지는 것도 음식 냄새 알갱이가 스스로 움직이기 때문이에요.

풍선에 숨을 불어 넣으면 풍선이 커져요. 풍선 속의 기체가 움직이며 풍선의 벽을 치기 때문이에요.

찌그러진 고무공을 뜨거운 물에 담그면 펴져요. 주변의 온도가 올라가 공 속의 기체가 더 빨리 움직여 풍선 벽을 빨리 치기 때문이에요.

용액의 성질

정답 88. ① 89. ② 90. ②

산성 용액은 대부분 신맛을 내요. 신맛이 나는 오렌지 주스나 레몬즙, 식초, 사이다나 콜라와 같은 탄산 음료는 산성 용액에 속해요. 염기성 용액은 만지면 미끈미끈해요. 비눗물, 양잿물, 암모니아수 등은 염기성 용액에 속해요.

산성 용액과 염기성 용액을 섞으면 원래의 신맛이나 미끈미끈한 성질이 없어지고, 산성도 염기성도 아닌 물이 생겨요. 이렇게 산성도 아니고 염기성도 아닌 물질의 성질을 '중성' 이라고 해요.

지시약

정답 91. ①, ② 92. ② 93. ①

지시약은 액체의 성질이 산성인지 염기성인지 알려 주는 시약이에요. 리트머스 시험지와 페놀프탈레인 용액은 지시약에 속해요.

붉은 리트머스 종이는 염기성 용액이 닿으면 푸르게 변하고, 푸른 리트머스 종이는 산성 용액이 닿으면 붉게 변해요. 산성 용액 속의 수소 이온이 푸른 리트머스 종이의 색소와 만나 붉게 변하기 때문이에요.

페놀프탈레인 용액은 산성에선 무색이고, 염기성에선 분홍색으로 변해요.

환경오염

정답 94. ① 95. ③ 96. ②

산성비는 공기 중의 자동차 매연이나 공장 굴뚝의 연기와 같은 산성 물질이 공기 중에 떠다니다 빗방울에 섞여 내리는 비예요.

대리석으로 지은 건물은 산성비에 녹아 훼손되기도 해요. 대리석의 탄산칼슘 성분이 산성비에 녹기 때문이에요.

산성비가 흙으로 스며들면 흙 속의 미생물이 죽어서 식물이 잘 자라지 못해요. 산성으로 변한 흙을 다시 중성으로 만들기 위해 염기성 물질인 석회 가루를 뿌리기도 해요.

136-137쪽 정답이야.

교과서 도전 퀴즈

학교 시험에는 어떻게 나올까? 도전해봐!

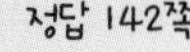
정답 142쪽

1 그림자의 크기 3학년

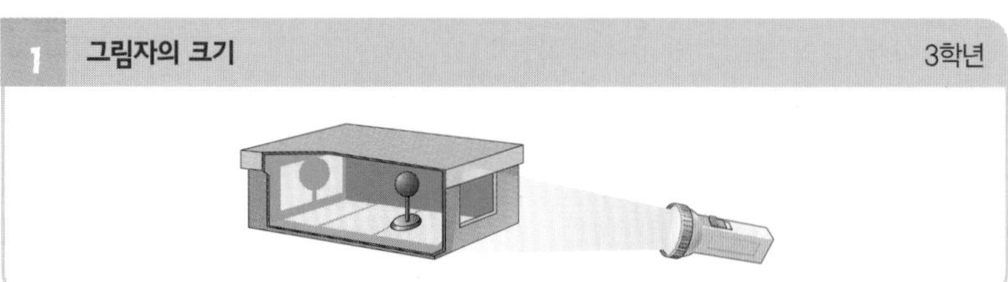

1. 물체와 막의 위치를 고정시키고, 손전등을 물체 쪽으로 가까이 가져갈 때 그림자의 크기가 커진다. (○ , ×)
2. 손전등과 막의 위치를 고정시키고, 물체를 손전등 쪽으로 움직이면 그림자의 크기가 작아진다. (○ , ×)

2 소리내기 3학년

1. 가위로 빨대 피리를 자르면서 불면 소리가 점점 낮아진다. (○ , ×)
2. 고무줄 가야금에서 고무줄의 길이가 길수록 낮은 소리가 난다. (○ , ×)
3. 유리병 실로폰에서 유리 병 속의 물의 양이 적으면 높은 소리가 난다. (○ , ×)

144쪽 정답 9 1.○ 2.○ 3.× 10 1.○ 2.○ 3.×

3 섞여 있는 알갱이의 분리 3학년

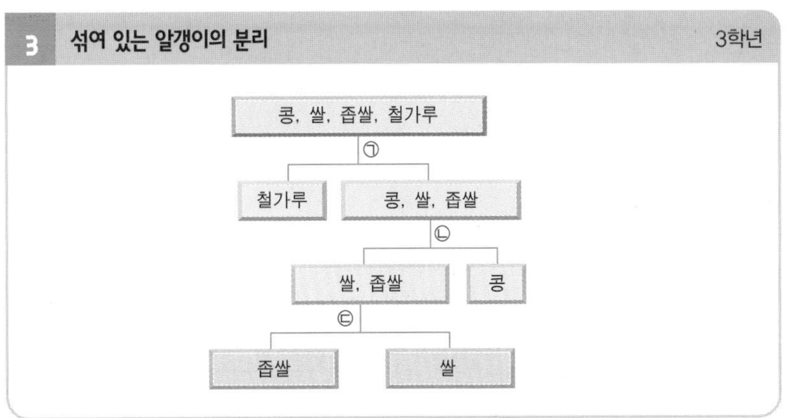

1. ㉠ 단계에서 사용한 도구는 자석이다. (○ , ×)
2. ㉡ 단계에서는 알갱이의 크기를 이용하여 분리한다. (○ , ×)
3. ㉢ 단계에서 사용하는 체의 눈의 크기는 쌀보다 크고 좁쌀보다 작다. (○ , ×)

4 혼합물 분리 3학년

거름 장치 증발 장치 색소 분리

1. 흙탕물을 분리할 때는 알갱이의 크기 차이를 이용하여 분리한다. (○ , ×)
2. 소금과 모래가 섞인 혼합물은 먼저 자석으로 모래를 분리한다. (○ , ×)
3. 검은색 수성 사인펜의 잉크는 물에 녹아 검은색 선을 만든다. (○ , ×)

145쪽 정답 **11** 1.○ 2.× 3.× 4.○ 5.○ 6.○

교과서 도전 퀴즈

학교 시험에는 어떻게 나올까? 도전해봐!

5 수평을 이용한 무게 비교 4학년

손으로 어림잡기

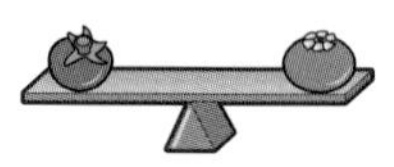
널빤지로 어림잡기

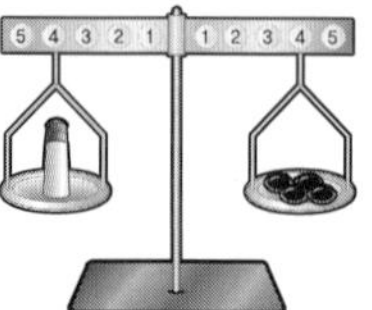

양팔저울로 무게재기

1. 가운데를 중심으로 양쪽의 굵기, 모양, 길이 등이 같으면 물체의 가운데를 받쳤을 때 수평이 된다. (○ , ×)
2. 수평이 된 널빤지의 양쪽에 물체를 올려놓아 수평을 이루면 두 물체의 무게는 같다. (○ , ×)

6 오목 렌즈와 볼록 렌즈 5학년

오목 렌즈	볼록 렌즈
빛이 퍼져 나아가며, 가까이 있는 물체가 작게 보임	빛이 한 점에 모이며, 가까이 있는 물체가 크게 보임
멀리 있는 물체가 바로 선 모양으로 작게 보임	멀리 있는 물체가 거꾸로 선 모양으로 작게 보임

1. 친구의 안경으로 가까이 있는 물체를 보면 크게 보인다. (○ , ×)
2. 오목 렌즈는 렌즈를 통과한 빛이 한 점에 모인다. (○ , ×)
3. 물방울이나 물이 담긴 유리 컵의 옆면 등은 물체를 크게 보이게 하므로 볼록 렌즈와 같은 역할을 한다. (○ , ×)

140쪽 정답 1 1. ○ 2. × 2 1. × 2. ○ 3. ○

7 용해와 용액 5학년

다음은 물과 아세톤에 여러 가지 가루 물질을 넣어 본 실험 결과입니다.

구분	설탕	시트르산	나프탈렌	탄산칼슘
물	녹음	녹음	녹지 않음	녹음 않음
아세톤	녹지 않음	녹음	녹음	녹음 않음

1. 설탕 넣은 물을 거름 장치로 거르면 거름종이 위에 설탕이 남는다. (○ , ×)

2. 위 가루 물질 중 물과 아세톤에 모두 용해되는 것은 시트르산이다. (○ , ×)

3. 탄산칼슘은 물과 아세톤에 모두 용해된다. (○ , ×)

8 백반 결정 만들기 5학년

- 철사를 구부려 원하는 모양을 만든다.
- 털실로 철사를 촘촘히 감는다.
- 뜨거운 물에 백반 가루가 더 이상 녹지 않을 때까지 녹인다.
- 털실로 감싼 철사를 유리 막대에 매단다.
- 털실로 감싼 철사를 백반 용액에 담그고 헝겊으로 덮어둔다.

1. 백반 용액을 천천히 식힐수록 더 큰 결정을 얻을 수 있다. (○ , ×)

2. 물의 온도가 낮아지면 녹을 수 있는 백반의 양이 늘어난다. (○ , ×)

141쪽 정답 3 1. ○ 2. ○ 3. × 4 1. ○ 2. × 3. ×

학교 시험에는 어떻게 나올까? 도전해봐!

9 병렬 연결과 직렬 연결의 예 5학년

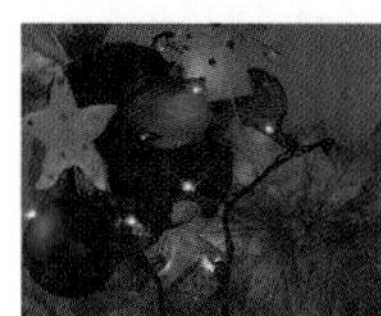
장식용 꼬마 전구

가로등

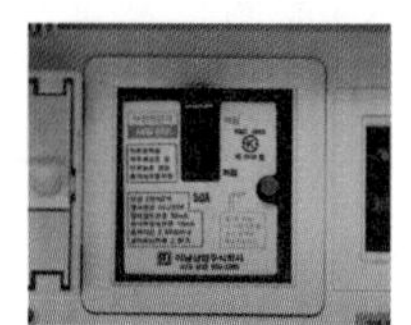
누전 차단기

1. 장식용 꼬마 전구와 누전 차단기는 직렬 연결이다. (○, ×)
2. 가로등은 병렬 연결이다. (○, ×)
3. 직렬 연결은 각 전기 기구나 부품을 따로 통제할 수 있다. (○, ×)

10 연소와 소화 6학년

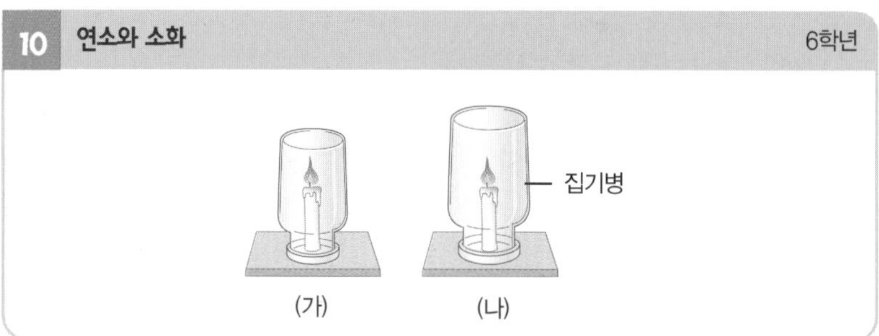

1. 시간이 흐르면 두 집기병에 있는 촛불은 모두 꺼진다. (○, ×)
2. (가) 집기병의 촛불이 먼저 꺼진다. (○, ×)
3. 공기의 양이 많을수록 연소 시간은 짧아진다. (○, ×)

142쪽 정답 5 1. ○ 2. ○ 6 1. × 2. × 3. ○

11 편리한 도구 6학년

(가) 가위

(나) 병따개

(다) 핀셋

(라) 젓가락

1. ㈎의 가위는 받침점이 힘점과 작용점 사이에 있는 지레의 한 종류이다. (○, ×)
2. 스테이플러는 ㈎와 같은 원리를 이용한 도구이다. (○, ×)
3. ㈏의 병따개는 빗면의 원리를 이용한 도구이다. (○, ×)
4. ㈐의 핀셋은 도구 없이 일을 할 때보다 큰 힘이 필요하다. (○, ×)
5. ㈑의 젓가락은 ㈐와 같은 원리를 이용한 도구이다. (○, ×)
6. 지레는 사용하는 목적에 따라 용도가 다르다. (○, ×)

143쪽 정답 7 1. × 2. ○ 3. × 8 1. ○ 2. ×

생활 속 과학

stage 2

- 집중탐구 퀴즈

빛 3 · 그림자 2
거울 2 · 색깔
물 1 · 물 2
비눗방울 · 얼음
공기 1 · 공기 2
먼지 · 냄새
바람 · 하늘
비 · 눈

- 속담 퀴즈
- 또또 퀴즈

- O× 퀴즈
- 있다없다 퀴즈
- 네모 퀴즈
- 사다리 퀴즈
- 왜?왜? 퀴즈

stage 3

집중탐구 퀴즈

열 · 온도계

소리 2 · 소리 3

힘 · 운동

자석 · 전기 2

고무줄 · 놀이동산

자동차 · 탈것들

도구 1 · 도구 2

종이 · 시간

교과서 도전 퀴즈

OX 퀴즈

맞으면 ○, 틀리면 ×에 ○표 하는 거야. 이제 시작이라고!

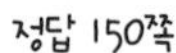
정답 150쪽

1 빛이 서울에서 부산까지 가는 데는 1초도 안 걸린다.

2 빨간색 옷은 빨간색 빛만 반사한다.

3 세모 모양 공기 방울을 만들 수 있다.

4 얼음은 물보다 무겁다.

5 공기도 무게가 있다.

6 눈이 오는 날은 다른 날보다 덜 춥다.

7 잠수를 할 때 엄마가 부르면 손리가 안 들린다.

8 세모 모양 공도 잘 굴러간다.

각 쪽을 잘 보고, 답을 맞춰봐. 누가 더 많이 맞췄을까……

정답 151쪽

1 거울은 색깔이 ~

있다 없다

2 우주에 공기가 ~

있다 없다

3 빗방울은 정해진 모양이 ~

있다 없다

4 목소리 만으로 사람을 구분할 수 ~

있다 없다

5 클립을 자석으로 만들 수 ~

있다 없다

6 콜라 속에는 이산화탄소가 ~

있다 없다

152-153쪽 정답 1 ③ 2 ① 3 ② 4 ① 5 ② 6 ① 7 ② 8 ②

정답 152쪽

1 하품은 몸 속에 ☐ 가 부족할 때 나온다. ··· 산소 / 이산화탄소

2 바람은 ☐ 가 움직여서 생긴다. ··· 나무 / 공기

3 체중계는 ☐ 를 재는 도구이다. ··· 질량 / 무게

4 차가 갑자기 멈추면 몸이 ☐ 쏠린다. ··· 앞으로 / 뒤로

5 고무줄은 ☐ 이 있어서, 잡아당겼다 놓으면 원래대로 돌아온다. ··· 탄성 / 자성

6 시소를 타면 ☐ 쪽으로 기울어진다. ··· 가벼운 / 무거운

7 바이킹을 탈 때 ☐ 자리에 앉으면 덜 무섭다. ··· 양끝 / 가운데

8 비행기 날개 ☐ 에서 공기가 더 빠르게 지나간다. ··· 위 / 아래

148쪽 정답 1 ○ 2 ○ 3 × 4 × 5 ○ 6 ○ 7 × 8 ×

사다리 퀴즈

알쏭달쏭 수수께끼! 사다리를 타면 답이 나와.

정답 153쪽

1 보는 사람에 따라 달라지는 것은?

2 땀을 흘리며 점점 작아지는 것은?

3 배가 고파도 먹고 배가 불러도 먹는 것은?

4 더울수록 키가 커지고 추울수록 키가 작아지는 것은?

5 나무를 주면 살고 물을 주면 죽는 것은?

6 뒤로 가면 이기고 앞으로 가면 지는 것은?

7 앞뒤로는 갈 수 없고 위아래로만 움직이는 것은?

8 여름, 겨울 모두 일 층은 춥고 이 층은 꽁꽁 어는 집은?

- 줄다리기
- 공기
- 엘리베이터
- 불
- 얼음
- 온도계
- 냉장고
- 거울

149쪽 정답 1 없다 2 없다 3 없다 4 있다 5 있다 6 있다

왜?왜? 퀴즈

왜? 왜 그럴까? 숨겨진 이유를 찾아봐.

정답 149쪽

1

왜 불은 뜨거운 걸까?

① 주위의 열을 빨아들여서
② 뜨거운 물건을 태워서
③ 산소가 달라붙을 때 열이 나서

2

왜 불은 물을 끼얹으면 꺼질까?

① 물이 산소를 못 달라붙게 해서
② 물이 불을 식혀서
③ 물이 불이랑 안 섞여서

3

왜 종이와 나무는 불에 타고 나면 다 까맣게 될까?

① 원래 색깔이 까매서
② 타고 남은 물질이 까매서
③ 불 색깔이 까매서

4

왜 책상은 책보다 무거울까?

① 지구가 더 세게 잡아당겨서
② 지구가 더 세게 밀어내서
③ 책상이 더 커서

150쪽 정답 1 산소 2 공기 3 무게 4 앞으로 5 탄성 6 무거운 7 가운데 8 위

생활 속 과학

5 왜 우주 비행사들은 둥둥 떠 다닐까?

① 우주가 위로 잡아 끌어서
② 우주 비행사를 잡아당기는 힘이 없어서

6 왜 친구랑 시소를 타면 더 무거운 사람 쪽으로 기울어질까?

① 지구가 더 세게 잡아당겨서
② 지구가 더 세게 밀어내서
③ 공기가 더 세게 눌러서

7 왜 그네를 타면 계속 왔다 갔다 하지 않고 멈출까?

① 공기가 그네를 눌러서
② 그네줄이 연결 부분에 계속 부딪쳐서

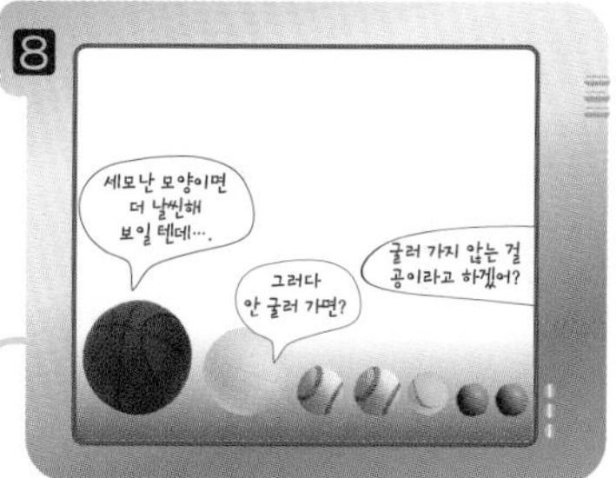

8 왜 공을 위로 던지면 얼마쯤 올라가다 떨어질까?

① 공이 무거워서
② 지구가 공을 아래로 잡아당겨서
③ 지구가 공을 위로 밀어 내서

151쪽 정답 1 거울 2 얼음 3 공기 4 온도계 5 불 6 줄다리기 7 엘리베이터 8 냉장고

stage 2

집중탐구 퀴즈

문제를 잘 읽고 맞는 것을 골라봐. 쉽지 않을걸!

빛 3

1 손전등을 켜면 밝은 빛이 나와. 빛은 어떻게 움직일까?

① 공처럼 튀면서 움직여.
② 레이저 광선처럼 곧게 쭉 뻗어.
③ 빙글빙글 돌면서 움직여.

2 어두운 곳에 가면 잘 안 보여. 왜 그럴까?

① 빛이 없으니까
② 검은색 빛만 있어서
③ 어둠이 빛을 빨아들여서

3 서울에서 부산까지 자동차로 가는 데 4시간 정도 걸려. 빛은 얼마나 걸릴까?

① 1시간 정도
② 10분 정도
③ 1초도 안 걸려.

그림자 2

4 그림자는 검은색이야. 왜 그럴까?

① 물건이 검어서
② 검은색 빛이 비쳐서
③ 빛이 안 닿아서

5 그림자는 늘 나를 쫓아다녀. 캄캄한 밤에도 쫓아올까?

① 그럼, 그림자는 늘 생겨.
② 아니, 빛이 없어서 안 생겨.

6 그림자는 하루 종일 키가 작아졌다 커졌다 해. 다음 중 언제 가장 작을까?

① 아침 일찍 해가 뜰 무렵
② 한낮에
③ 저녁 늦게 해가 질 무렵

거울 2

색깔

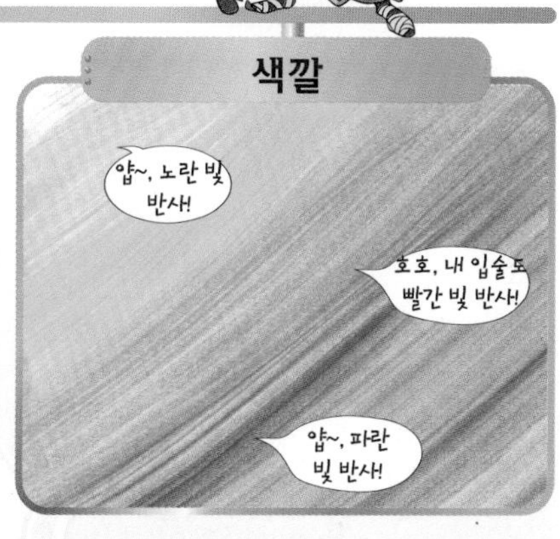

7 거울은 내 얼굴을 그대로 보여 줘. 어떻게 그럴 수 있을까?

① 빛이 여러 방향으로 흩어져서
② 빛이 한 방향으로 반사돼서

8 유리창은 거울이 아니지만 내 얼굴을 비춰. 왜 그럴까?

① 빛이 유리창을 그대로 통과해서
② 빛이 유리창을 통과할 때 조금은 반사돼서

9 거울은 무슨 색깔이든 비춰. 그럼 거울은 무슨 색일까?

① 검정 ② 하양
③ 색깔이 없어.

10 빨간 장미도 빨갛고, 빨간 물감도 빨개. 왜 그럴까?

① 빨간색 알갱이가 들어 있어서
② 빨간색 물이 들어 있어서
③ 빨간색 빛만 반사해서

11 빨간 물감과 파란 물감을 섞으면 보라색으로 보여. 왜 그럴까?

① 빨간빛과 파란빛을 흡수해서
② 빨간빛과 파란빛이 같이 반사돼서

12 여러 색의 물감을 계속 섞으면 결국 무슨 색이 될까?

① 하양 ② 검정
③ 회색

정답과 해설은 뒤쪽에 있어.

집중탐구 퀴즈 정답 & 해설

빛 3

정답 1.② 2.① 3.③

우리는 빛이 있어서 물체를 볼 수 있어요. 빛은 레이저 광선처럼 곧게 나아가다 물체에 막히면 되돌아오는데, 우리는 이 되돌아온 빛으로 물체를 보기 때문이에요. 그래서 빛이 없는 어두운 곳에선 아무것도 볼 수 없어요.

빛은 굉장히 빨라요. 멀고 먼 태양에서 지구까지 오는 데 8분밖에 안 걸리고, 서울에서 부산까지 가는 데는 1초도 안 걸려요.

그림자 2

정답 4.③ 5.② 6.②

그림자는 빛이 물체에 막혀 더 이상 나아가지 못해서 생겨요. 빛이 닿지 못하는 물체의 뒤쪽에 생기는 어두운 부분이 바로 그림자예요.

하지만 캄캄한 밤이나 비구름이 잔뜩 낀 날처럼, 빛이 없어 물체를 비추지 못하면 그림자도 생길 수 없어요.

그림자의 길이는 해가 낮게 뜬 아침과 저녁에 길고, 해가 높이 뜬 한낮에 가장 짧아요.

거울 2

색깔

정답 7.② 8.② 9.③

빛은 나아가다 물체를 만나면 여러 방향으로 반사돼요. 하지만 겉이 굉장히 매끄러운 거울을 만나면 여러 방향이 아니라 한 방향으로만 반사돼요. 그럼 거울에 우리 얼굴이 그대로 비치게 돼요. 유리창에도 얼굴이 살짝 비치는 건 빛이 유리창을 통과할 때 조금은 거울처럼 반사되어 돌아오기 때문이에요.

이렇게 거울은 무엇이든 그대로 비춰 주지만, 정작 자신은 아무 색깔이 없어요.

정답 10.③ 11.② 12.②

빨간 물감이 빨간 건 빨간빛만 반사하고 다른 색의 빛을 모두 흡수하기 때문이에요. 파란 물감의 경우도 마찬가지고요. 그런데 빨간 물감과 파란 물감을 섞으면 두 색이 반사하는 빨간빛과 파란빛이 우리 눈에 보라색으로 보이게 돼요. 이 때 빨간 물감이 파란빛을, 파란 물감이 빨간빛을 흡수해서 색은 어두워져요. 그래서 물감을 계속 섞다 보면 모든 색의 빛이 흡수돼서 결국 검은색이 돼 버려요.

154-155쪽 정답이야.

집중탐구 퀴즈

문제를 잘 읽고 맞는 것을 골라봐. 쉽지 않을걸!

물 1

13 손을 주머니에 넣으면 안 보이지만 물에 넣으면 보여. 왜 그럴까?

① 빛이 물을 통과해서
② 물이 빛을 빨아들여서
③ 손에 물이 묻어서

14 책은 네모나고, 공은 동그래. 그럼 물은 어떤 모양일까?

① 평평한 모양
② 길쭉한 모양
③ 정해진 모양이 없어.

15 물을 끓이면 흰 연기가 나. 이 흰 연기는 무엇일까?

① 물이 타서 생긴 연기
② 수증기
③ 흰색 공기

물 2

16 설탕은 물에 잘 녹는데 모래는 잘 안 녹아. 왜 그럴까?

① 설탕보다 모래가 더 커서
② 설탕은 하얗고 모래는 노래서
③ 모래엔 물이 잘 달라붙지 않아서

17 라면 국물엔 기름이 둥둥 떠 다녀. 왜 그럴까? (답은 2개)

① 기름이 미끄러워서
② 기름이 물보다 가벼워서
③ 기름과 물이 달라붙지 않아서

18 설탕은 찬물보다 더운 물에서 잘 녹아. 왜 그럴까?

① 물 알갱이들이 커져서
② 물 알갱이들이 잘 움직여서
③ 물 알갱이들이 많아져서

비눗방울

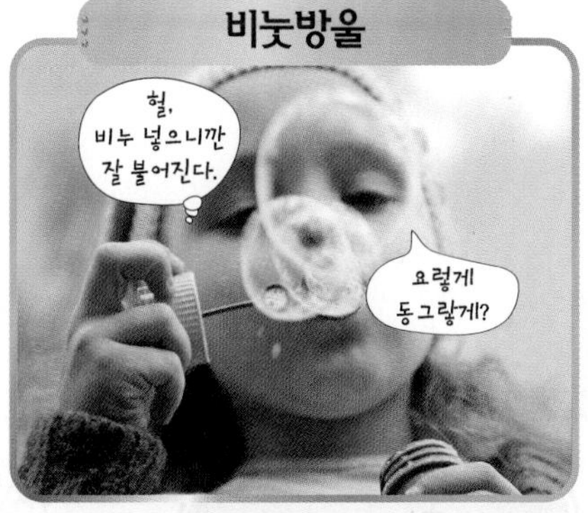

19 맹물로는 물방울이 안 불어지는데 비누를 넣으면 비눗방울이 불어져. 왜 그럴까?

① 비누가 물을 끈끈하게 만들어서
② 비누가 물을 가볍게 만들어서

20 비눗방울은 언젠가는 꼭 터져. 왜 계속 남아 있지 못하는 걸까?

① 비누가 없어져서
② 물이 없어져서
③ 무거워져서

21 비눗방울은 항상 동그래. 왜 그럴까?

① 비눗방울 알갱이가 동그래서
② 비눗방울 속의 공기가 동그래서
③ 되도록 안 터지고 늘어나려고

얼음

22 얼음은 물로 만들어. 어떻게 만들까?

① 뜨겁게 끓여서
② 차갑게 얼려서
③ 단단하게 뭉쳐서

23 왜 얼음은 물보다 가벼울까?

① 얼음 알갱이들이 꼭 달라붙어서
② 얼음 알갱이들이 작아서
③ 얼음 알갱이들 사이에 빈틈이 많아서

24 썰매는 땅보다는 얼음판에서 잘 미끄러져. 왜 그럴까?

① 얼음이 땅보다 차가워서
② 얼음이 땅보다 얇아서
③ 썰매를 탈 때 물이 살짝 생겨서

정답과 해설은 뒤쪽에 있어.

집중탐구 퀴즈 정답 & 해설

물 1

정답 13. ① 14. ③ 15. ②

물은 빛을 통과시킬 수 있어요. 그래서 빛은 물에 닿으면 되돌아오지 않고 물 속으로 들어가요. 그러다 물 속에서 물체를 만나면 되돌아와요. 그럼 우리는 이 되돌아온 빛으로 물 속 물체를 보게 돼요. 물에 넣은 손을 보는 것처럼이죠.
물은 일정한 모양이 없어서 담는 그릇에 따라 모양이 변해요. 또 끓이면 수증기로 변해서 공기 중으로 날아가요.

물 2

정답 16. ③ 17. ② 18. ②

물은 설탕엔 잘 달라붙지만, 모래엔 잘 달라붙지 않아요. 그래서 설탕은 물에 잘 녹고 모래는 잘 녹지 않아요.
또 물은 기름에 잘 달라붙지 않아요. 그래서 물과 기름은 서로 섞이지 못하고 늘 따로따로 있어요.
물을 뜨겁게 하면 설탕이 더 잘 녹아요. 물을 이루는 물 알갱이들이 활발하게 움직여서 설탕에 더 잘 달라붙기 때문이에요.

비눗방울

정답 19. ① 20. ② 21. ③

비눗방울은 비누가 섞여서 끈끈해요. 그래서 금방 터지지 않고 오래 가지만, 시간이 지나 물이 없어지면 결국은 터져요.

비눗방울은 되도록이면 터지지 않고 작게 늘어나느라 모양이 축구공처럼 동그래요. 동그란 모양은 상자나 병 모양과 똑같이 공기가 들어가면서도 작게 늘어날 수 있기 때문이에요. 풍선이 동그랗게 불리는 것도 같은 이유예요.

얼음

정답 22. ② 23. ③ 24. ③

얼음은 물이 차갑게 언 것이지만 물보다 가벼워요. 물 알갱이들 사이는 촘촘하고 빈틈이 없지만, 얼음알갱이들 사이는 벌어져서 빈틈이 많기 때문이에요. 물과 얼음이 무게가 같을 때 얼음의 크기가 더 큰 것도 이와 같은 이유예요.

얼음판은 썰매에 눌리면 살짝 녹아서 물이 생겨요. 이 물 때문에 썰매는 얼음판을 잘 미끄러질 수 있어요.

158~159쪽 정답이야.

집중탐구 퀴즈

문제를 잘 읽고 맞는 것을 골라봐. 쉽지 않을걸!

공기 1

공기 2

25 공기 속엔 여러 가지 성분이 들어 있어. 가장 많은 건 뭘까?

① 산소 ② 먼지
③ 질소

26 사람은 숨을 쉬어서 공기 속의 이것을 얻어. 이것은 뭘까?

① 산소 ② 이산화탄소
③ 물방울

27 높은 산에 올라가면 숨 쉬기가 힘들어. 왜 그럴까?

① 공기가 차가워져서
② 공기가 적어져서
③ 공기가 축축해져서

28 왜 우주에는 공기가 없을까?

① 공기가 얼어서
② 공기를 만들 식물이 없어서
③ 아무것도 공기를 잡아당기지 않아서

29 공기는 눈에 보이지 않지만 무게가 있어. 그런데 왜 느끼지 못할까?

① 너무 가벼워서
② 공기에 익숙해져서
③ 우리 몸이 공기를 밀어내서

30 놀이 동산에서 파는 풍선 속에는 무엇이 들어 있을까?

① 공기보다 가벼운 물질
② 공기보다 뜨거운 물질
③ 공기보다 부드러운 물질

먼지

31 청소를 안 하면 책상에 뽀얗게 쌓여. 먼지는 어디서 나타나는 걸까?

① 공기 중에 떠다니다가
② 책상 안쪽에 숨어 있다가
③ 우리가 내쉬는 숨에 섞여 있다가

32 먼지는 책상 위에 어떻게 달라 붙는 걸까?

① 고리처럼 걸어서
② 자석처럼 끌어당겨서
③ 스티커처럼 달라붙어서

33 먼지는 물 위에도 달라붙을 수 있을까?

① 그럼, 달라붙어.
② 아니, 물에 녹아 버려.

냄새

34 여럿이 모여 있을 때 방귀 뀐 친구를 어떻게 찾아낼까?

① 방귀 냄새가 점점 진해지는 쪽으로 움직여서
② 공기가 따뜻한 쪽으로 움직여서

35 탈취제는 나쁜 냄새를 없애 줘. 어떻게 없앨까?

① 나쁜 냄새를 향기로 바꿔서
② 나쁜 냄새 물질을 녹여서
③ 나쁜 냄새 물질을 감싸서

36 엄마 화장품은 방귀 냄새보다 향기로워. 정말 그럴까?

① 그럼, 화장품엔 향기 물질이 많아.
② 아니, 향기롭다고 배운 것뿐이야.

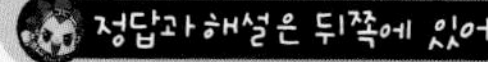
정답과 해설은 뒤쪽에 있어.

집중탐구 퀴즈 정답&해설

공기 1

정답 25. ③ 26. ① 27. ②

공기 속에는 눈엔 안 보이지만 여러 가지 물질이 들어 있어요. 그 중 질소가 가장 많고, 산소와 이산화탄소가 그 다음으로 많아요.

산소는 우리의 몸이 에너지를 만들 때 필요한 재료예요. 그래서 우리는 계속해서 숨을 쉬어 산소를 받아들여요.

하지만 높은 산에 오르면 숨 쉬기가 힘들어요. 공기가 높은 곳일수록 적어지기 때문이에요.

공기 2

정답 28. ③ 29. ③ 30. ①

지구에 공기가 있는 건 지구가 공기를 잡아당기기 때문이에요. 그래서 지구처럼 공기를 잡아당길 힘이 없는 우주 공간엔 공기가 없어요.

우리가 느끼지는 못하지만 공기도 무게가 있어요. 단지 우리 몸이 공기가 우리를 누르는 힘과 같은 힘으로 공기를 밀어내서 못 느낄 뿐이에요.

공기는 우리보다 가볍지만 헬륨 가스보단 무거워서, 헬륨 가스를 넣은 풍선은 공기 중에 잘 떠요.

먼지

정답 31.① 32.③ 33.①

먼지는 공기 속에 항상 떠 있지만, 너무 작아서 평소엔 잘 안 보여요. 그러다 오래 청소를 안 하면 뽀얗게 쌓인 먼지를 볼 수 있어요.

먼지는 마치 스티커처럼 물건에 달라붙어 있어요. 하지만 약하게 붙어 있어서 입으로 불거나 걸레로 닦으면 곧 떨어져요.

이 세상에는 먼지가 없는 곳은 없어요. 물 위에도 달라붙고 심지어 바다 밑바닥에서도 먼지가 일어나요.

냄새

정답 34.① 35.③ 36.②

냄새는 사방으로 서서히 퍼져요. 그래서 방귀 뀐 친구를 찾으려면 냄새가 진해지는 쪽으로 따라가면 돼요. 나쁜 냄새는 탈취제로 없앨 수 있어요. 탈취제의 작은 알갱이들이 나쁜 냄새 물질을 감싸서 냄새를 안 나게 해 줘요.

하지만 원래부터 좋은 냄새, 나쁜 냄새가 따로 있지는 않아요. 우리가 어렸을 때부터 어떤 냄새는 좋고 어떤 냄새는 나쁘다고 배워서 그런 것뿐이니까요.

162~163쪽 정답이야.

집중탐구 퀴즈

문제를 잘 읽고 맞는 것을 골라봐. 쉽지 않을걸!

바람

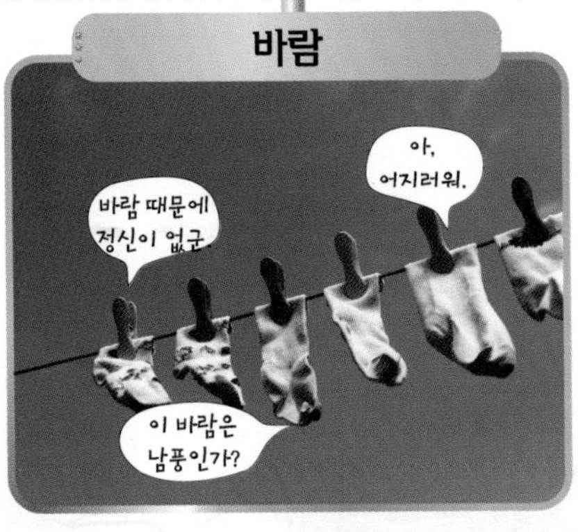

하늘

37 더운 날 바람이 불면 시원해. 바람은 뭘까?

① 구름이 움직이는 것
② 공기가 움직이는 것
③ 나무가 숨 쉬는 것

38 바람은 공기가 어떻게 움직이는 걸까?

① 공기가 많은 곳에서 적은 곳으로
② 공기가 적은 곳에서 많은 곳으로
③ 더러운 곳에서 깨끗한 곳으로

39 바람은 부는 방향을 보고 이름을 지어. 북풍은 어떤 바람일까?

① 북쪽으로 불어 가는 바람
② 북쪽에서 불어 오는 바람
③ 북쪽에서 불고 있는 바람

40 맑은 날 낮에 하늘은 파래. 왜 그럴까?

① 파란빛이 흩어져서
② 공기가 파래서
③ 파란 우주와 이어져서

41 해 질 무렵 하늘은 빨개. 왜 그럴까?

① 태양이 지구 가까이 와서
② 우리 눈에 빨간빛이 많이 도달해서
③ 공기가 빨개서

42 하늘 높이 올라가면 하늘은 무슨 색일까?

① 진한 파랑 ② 진한 빨강
③ 검정

비

눈

43 하늘에서 비가 내려. 빗방울은 어디에서 만들어질까?

① 공기 속에서
② 구름 속에서
③ 우주에서

44 하늘 높은 곳에서 떨어지는 빗방울은 어떤 모양일까?

① 길쭉한 젓가락 모양
② 동그란 공 모양
③ 정해진 모양이 없어.

45 공을 맞으면 굉장히 아픈데 왜 빗방울은 안 아플까? (답은 2개)

① 빗방울이 가벼워서
② 빗방울이 빠르지 않아서
③ 빗방울이 차가워서

46 펄펄 하늘에서 눈이 내려. 눈은 무엇으로 만들어졌을까?

① 공기 ② 먼지
③ 구름 속의 물방울

47 눈이 오는 날은 다른 날보다 덜 추워. 왜 그럴까?

① 눈이 차가운 땅을 덮어서
② 따뜻한 바람이 불어서
③ 눈이 될 때 열이 나와서

48 하얀 쌀은 안 뭉쳐지는데 하얀 눈은 잘 뭉쳐져. 왜 그럴까?

① 눈이 녹아서 물이 생겨서
② 눈이 작아서 더 작아서
③ 눈의 작은 홈들이 맞춰져서

정답과 해설은 뒤쪽에 있어.

집중탐구 퀴즈 정답&해설

바람

정답 37. ② 38. ① 39. ②

바람이 불면 나뭇가지도 흔들리고 태극기도 펄럭여요. 또 여름엔 우리 몸이 시원해져요. 이런 바람은 공기가 움직이는 거예요. 공기는 양이 많은 곳에서 적은 곳으로 움직여 공기를 채워 줘요. 공기가 많으면 고기압, 적으면 저기압이에요.

바람은 시작되는 곳을 기준으로 이름을 불러요. 북풍은 북쪽에서 남쪽으로, 남풍은 남쪽에서 북쪽으로 부는 바람이에요.

하늘

정답 40. ① 41. ② 42. ③

햇빛엔 여러 색깔의 빛이 섞여 있어요. 이 빛들은 지구에 와서 공기와 부딪치면 여러 방향으로 흩어져요. 맑은 날 낮에는 파란빛이 가장 많이 흩어져 하늘이 파랗게 보여요. 그러다 저녁이 되면 파란빛은 거의 다 흩어져 버리고, 빨간빛이 우리 눈에 더 많이 도달해 하늘과 해가 붉게 보여요.

하늘은 높이 올라가면 공기가 없어 검은색으로 보여요.

비

정답 43. ② 44. ③ 45. ①, ②

빗방울은 구름에서 떨어져요. 구름은 공기 속의 물방울들이 하늘로 올라가 하나 둘씩 모여 생겨요.
빗방울은 젓가락처럼도 보이고 물방울처럼도 보이지만 정해진 모양이 없어요. 떨어지면서 모양이 계속 변하니까요.
빗방울은 하늘 높은 곳에서 떨어지지만 워낙 가볍고, 빨리 떨어지지도 않아요. 그래서 빗방울에 맞아도 아프지 않아요.

눈

정답 46. ③ 47. ③ 48. ①

눈은 구름 속 물방울들이 얼어서 떨어지는 거예요. 그런데 물방울들이 얼면서 열을 내보내 눈이 오는 날은 다른 겨울날보다 덜 추워요. 또 눈이 소리를 흡수해서 다른 날보다 더 조용하게 느껴져요.
우리는 눈을 뭉쳐서 눈사람도 만들고 눈싸움도 해요. 그건 눈을 손에 쥐면 살짝 녹아 물이 생기기 때문이에요. 이 물은 풀처럼 눈과 눈을 단단히 붙여 줘요.

166~167쪽 정답이야.

속담퀴즈 열쇠를 찾아봐. 속담이 보일거야.

윗 물이 맑아야 ▒▒▒도 맑다.

➜ 윗사람이 옳은 행동을 해야 아랫사람도 따라서 잘 한다.

십 년이면 ▒▒도 변한다.

➜ 세월이 흐르면 세상이 변하지 않는 것이 없다.

불난 데 ▒▒▒한다.

➜ 남의 화를 돋우거나 일을 더욱 방해한다.

▒▒▒도 맞들면 가볍다.

➜ 쉬운 일도 혼자 하는 것보다 힘을 합하면 더 쉽다.

다 된 밥에 ▒ 뿌린다.

➜ 다 된 일을 그만 망쳐 버린다.

강산 아랫물 부채질

재 백지장

정답 33쪽

 다음에서 이 책에 나오지 않는 찡은 어느 것일까?

❶ 

❷ 

❸ 

❹ 

❺ 

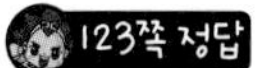

또또퀴즈~ 정말 재미있다. 어디 어디 숨었을까?

stage 3 집중탐구 퀴즈

문제를 잘 읽고 맞는 것을 골라봐. 쉽지 않을걸!

열

온도계

49 추운 겨울에 엄마가 차가운 내 손을 감싸면 따뜻해져. 내 손을 따뜻하게 해 준 건 뭘까?

① 전기　② 열
③ 힘

50 얼음에 손을 갖다 댔어. 얼음은 어떻게 될까?

① 손에서 열을 받아.
② 손에다 열을 줘.
③ 손에다 전기를 줘.

51 나무젓가락과 쇠젓가락 중 어느 것이 빨리 뜨거워질까?

① 나무젓가락
② 쇠젓가락

52 온도계는 아래에 빨강 물질이 들어 있어. 이건 뭘까?

① 물　② 알코올
③ 고무

53 온도계는 어떻게 온도를 잴까?

① 알코올의 색깔이 변하는 정도로
② 알코올이 늘어나고 줄어드는 정도로

54 물이 어는 온도는 0℃야. 그럼 끓는 온도는 몇 ℃일까?

① 10℃　② 100℃
③ 1,000℃

소리 2

소리 3

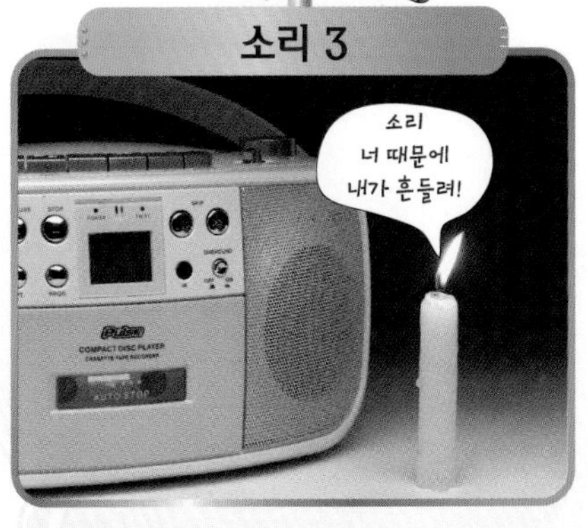

55 손으로 귀를 막으면 바깥 소리가 잘 안 들려. 왜 그럴까?

① 손이 소리가 지나는 길을 막아서
② 소리가 멈춰서
③ 손이 소리를 빨아들여서

56 잠수를 했는데 엄마가 물 밖에서 부르면 들릴까, 안 들릴까?

① 들려.
② 안 들려.

57 옆방에 있는 사람은 안 보이는데 이야기 소리는 들려. 왜 그럴까?

① 소리가 벽을 통과해서
② 소리가 벽을 돌아 나와서
③ 벽이 소리를 전해 줘서

58 사람들이 떠들면 시끄러워. 왜 그럴까?

① 사람이 많아서
② 숨소리가 섞여서
③ 공기가 불규칙하게 떨려서

59 사람은 얼마나 작은 소리까지 들을 수 있을까?

① 사람이 걸어가는 소리
② 모기가 날아가는 소리
③ 개미가 기어가는 소리

60 전화로 아빠 목소리를 흉내 내도 엄마는 금방 나인 줄 알아. 왜 그럴까?

① 내 목소리가 작아서
② 내 목소리가 어려서
③ 아빠랑 음색이 달라서

정답과 해설은 뒤쪽에 있어.

열

정답 49. ② 50. ① 51. ②

열은 온도가 높은 곳에서 낮은 곳으로 옮겨가요. 우리 손은 얼음보다 온도가 높아요. 그래서 얼음을 만지면 손의 열이 얼음으로 옮겨가요. 그러면 손은 시원해지고 얼음은 녹게 돼요.

열은 물체마다 전달되는 정도가 달라요.

금속으로 만든 쇠젓가락은 나무로 만든 나무젓가락보다 열이 잘 전달돼요.

온도계

정답 52. ② 53. ② 54. ②

온도계엔 알코올이 들어 있어요. 알코올은 원래 물처럼 색깔이 없지만, 우리 눈에 잘 보이게 빨간 물을 들였어요.

알코올은 뜨거우면 늘어나고 차가우면 줄어들어요. 알코올 온도계는 알코올이 늘어나고 줄어든 정도로 재는 거예요.

온도는 물의 상태가 변하는 것을 기준으로 정했어요. 물이 얼면 0℃, 끓으면 100℃라고 정한 것이지요.

소리 2

정답 55. ① 56. ① 57. ②

책상을 치면 책상 주위의 공기가 떨려요. 이 떨림이 우리 귓속으로 들어와 고막을 진동시키면 소리가 들리게 돼요. 그래서 손으로 귀를 막으면 공기의 떨림이 전달되지 않아 소리가 들리지 않게 돼요.

소리는 물 속에서도 들을 수 있어요. 또 물건에 막혀도 물건을 돌아서 뒤쪽으로도 갈 수 있어요. 그래서 벽 뒤의 사람은 안 보여도, 목소리는 들린답니다.

소리 3

정답 58. ③ 59. ② 60. ③

소리는 공기가 떨려서 생겨요. 공기가 규칙적으로 떨리면 듣기 좋은 소리가 되고, 불규칙적으로 떨리면 시끄럽고 듣기 싫은 소리가 돼요.

사람이 모든 소리를 들을 수는 없어요. 들을 수 있는 것은 가장 작은 소리는 낙엽이 떨어지는 소리, 모기의 날갯짓 소리 정도예요.

사람마다 손가락 끝 지문이 다르듯이 목소리도 달라서, 목소리만으로도 사람을 구분할 수 있어요.

172-173쪽 정답이야.

집중탐구 퀴즈

문제를 잘 읽고 맞는 것을 골라봐. 쉽지 않을걸!

힘

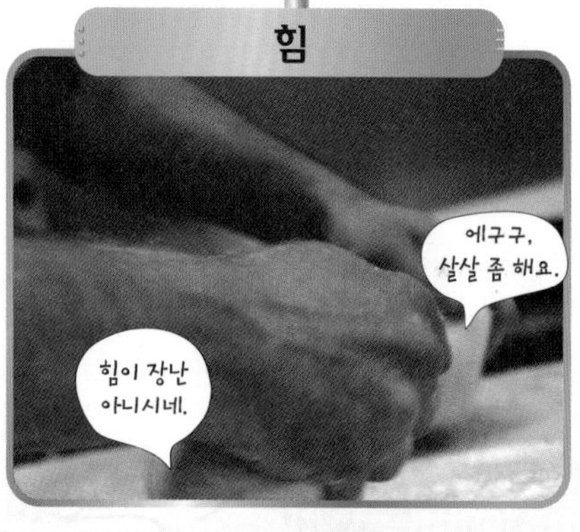

61 찰흙을 손가락으로 누르면 움푹 들어가. 찰흙의 모양을 변하게 한 건 뭘까?

① 전기 ② 힘 ③ 열

62 의자는 잘 움직이지만 벽은 아무리 밀어도 안 움직여. 왜 그럴까?

① 바닥이 우리보다 세게 벽을 붙들어서
② 벽이 단단해서

63 책상을 세게 두드리면 손이 아파. 왜 그럴까?

① 책상이 단단해서
② 책상이 내 손을 쳐서
③ 내 손이 부드러워서

운동

64 차를 타고 가는데 차가 오른쪽으로 돌아. 우리 몸은 어느 쪽으로 쏠릴까?

① 앞쪽으로 ② 오른쪽으로
③ 왼쪽으로

65 차가 갑자기 멈추면 우리 몸은 어떻게 될까?

① 앞쪽으로 쏠려.
② 뒤쪽으로 쏠려.
③ 그대로 있어.

66 비 오는 날 차가 점점 빨리 달리고 있어. 빗방울은 차창에 어떻게 붙을까?

① 움직이는 방향으로 기울어서
② 차가 움직이는 반대 방향으로 기울어서

자석

67 다음 중 자석에 붙는 건 어느 것일까?

옷핀 종이 연필

68 자석의 한쪽은 N극, 다른 한 쪽은 S극이야. 두 자석을 N극끼리 대면 어떻게 될까?

① 같은 극이니까 잘 붙어.
② 같은 극이니까 밀어내.

69 클립을 자석으로 만들 수 있어. 어떻게 만들까?

① 클립을 따뜻하게 달궈.
② 클립을 불에 태워.
③ 클립을 자석으로 문질러.

전기 2

70 텔레비전은 전원 버튼을 누르면 켜져. 왜 켜진 걸까??

① 전기 에너지가 들어와서
② 뜨거워져서
③ 자석이 되어서

71 전기 에너지는 텔레비전 속에서 무슨 일을 할까?

① 부품을 자석으로 만들어.
② 부품을 순서대로 움직여.
③ 그림과 노래를 만들어.

72 머리를 빗을 때 빗에 머리카락이 달라붙을 때가 있어. 왜 그럴까?

① 정전기가 생겨서
② 빗이 자석이 돼서
③ 머리카락이 끈끈해져서

정답과 해설은 뒤쪽에 있어.

집중탐구 퀴즈 정답&해설

힘

정답 61. ② 62. ① 63. ②

찰흙으로 여러 가지 모양을 만드는 것처럼, 우리는 물건에 힘을 줘서 모양을 바꾸거나 움직이게 할 수 있어요.

하지만 벽은 아무리 힘을 줘도 움직이지 않아요. 바닥이 벽을 붙든 힘이 우리가 벽을 미는 힘보다는 크기 때문이에요.

책상을 세게 치면 내 손도 함께 아파요. 책상을 손으로 칠 때 책상도 똑같은 힘으로 내 손을 치기 때문이에요.

운동

정답 64. ③ 65. ① 66. ②

차가 달릴 때 여러 가지 현상을 볼 수 있어요. 차가 오른쪽으로 돌면 우리 몸은 왼쪽으로 쏠려요. 또 차가 갑자기 멈추면 앞으로 쏠리고요. 이건 모두 우리 몸이 계속 가던 방향으로 가려 하기 때문이에요.

비가 올 때 차가 점점 빨리 달리면, 빗방울은 움직이는 방향과 반대방향으로 기울어져 묻어요. 그렇지 않고 같은 속도로 움직이면 똑바로 아래로 묻어요.

자석

정답 67. 옷핀 68. ② 69. ③

자석은 철을 끌어당기는 물체로, 항상 N극과 S극이 있어요. 자석 한 개를 쪼개 여러 개로 만들어도 각각의 자석에 다시 N극과 S극이 생겨요.
두 자석을 갖다 대면, 다른 극끼리 닿으면 붙지만, 같은 극끼리는 안 붙고 서로 밀어 내요.
자석은 자연에서 얻기도 하지만 만들어 낼 수도 있어요. 클립을 자석으로 여러 번 문질러 자석을 만드는 것처럼요.

전기 2

정답 70. ① 71. ② 72. ①

콘센트에 텔레비전 플러그를 꽂고 전원을 켜면 전기 에너지가 텔레비전 안으로 들어와요. 전기 에너지는 텔레비전 안을 이리저리 돌아다니면서 부품들을 순서대로 작동시켜요. 그러면 텔레비전은 소리와 그림을 내보내게 돼요.
정전기는 물체와 물체가 부딪혀서 생겨요. 우리가 머리를 빗을 때 머리카락이 자꾸 빗에 달라붙는 건 다 정전기 때문이에요.

176-177쪽 정답이야.

집중탐구 퀴즈

문제를 잘 읽고 맞는 것을 골라봐. 쉽지 않을걸!

고무줄

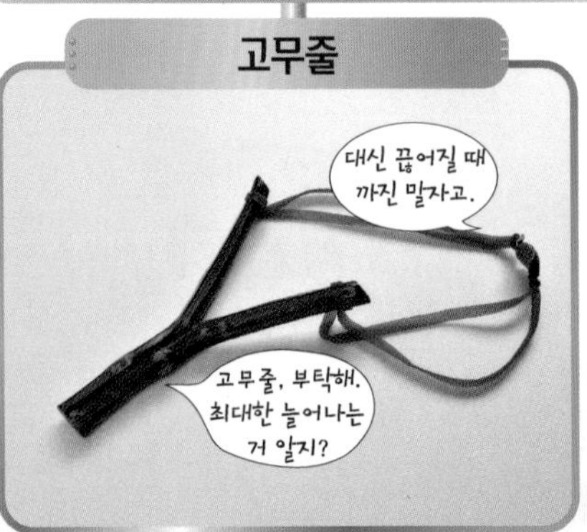

73 고무줄은 잡아당겼다가 놓으면 다시 원래대로 돌아와. 왜 그럴까?

① 고무 알갱이가 자석처럼 붙어서
② 고무 알갱이가 사슬처럼 연결돼서

74 다음 중 어느 것이 힘이 많이 들까?

① 고무줄을 한 뼘 늘일 때
② 고무줄을 두 뼘 늘일 때

75 고무줄을 계속 잡아당기면 계속 늘어날까?

① 그럼, 계속 늘어나.
② 아니, 언젠가는 끊어져.

놀이동산

76 롤러코스터는 올라갈 땐 느려지고 내려갈 땐 빨라져. 왜 그럴까?

① 지구가 아래로 잡아당겨서
② 지구가 위로 밀어내서
③ 공기가 위에서 눌러서

77 바이킹은 그네처럼 왔다 갔다 해. 어디에 앉으면 덜 무서울까?

① 양 끝자리
② 가운데 자리

78 번지점프를 해서 땅으로 떨어질 때 점점 빨라질까, 느려질까?

① 점점 빨라져.
② 점점 느려져.

자동차

탈것들

79 자동차 바퀴는 길에서 잘 미끄러지지 않기 위해 어떻게 만들었을까?

① 매끄럽게 만들었어.
② 물렁물렁하게 만들었어.
③ 겉에 작은 홈들을 팠어.

80 자동차는 보통 앞에서 뒤로 곡선을 그리며 비스듬한 모양이야. 왜 그럴까?

① 열을 빨리 식히려고
② 햇빛을 적게 받으려고
③ 공기가 잘 흐르게 하려고

81 사람은 밥을 먹고 살아. 자동차는 무얼 먹고 달릴까?

① 물 ② 휘발유
③ 알코올

82 작은 쇠못은 물에 가라앉는데 큰 배는 물에 떠. 왜 그럴까?

① 무거워서
② 배 밑바닥이 넓어서
③ 물 바로 위로 공기층을 만들어서

83 비행기는 어떻게 하늘을 날까?

① 새처럼 날개를 펄럭여서
② 뒤로 연기를 내뿜어서
③ 날개 위의 공기가 더 빠르게 흘러서

84 로켓은 날개 없이 우주로 날아가. 어떻게 날아갈까?

① 뒷부분에서 연기를 내보내서
② 자석으로 땅을 밀어 내서
③ 큰 풍선을 달고서

정답과 해설은 뒤쪽에 있어.

집중탐구 퀴즈 정답&해설

고무줄

정답 73. ② 74. ② 75. ②

고무줄은 부드럽고 말랑말랑해서 늘어났다가도 다시 원래 길이로 돌아와요. 그건 고무 알갱이들이 서로 사슬처럼 연결되었기 때문이에요. 고무줄은 힘을 주는 만큼 늘어나긴 하지만, 무한정 늘일 수 있는 건 아니에요. 고무줄마다 늘어나는 한계가 있어서, 이 한계를 넘으면 끊어져 버려요.

놀이동산

정답 76. ① 77. ② 78. ①

놀이 동산의 놀이 기구에는 많은 과학적 원리가 숨어 있어요.
롤러코스터는 내려갈 땐 점점 빨라지고 올라갈 땐 점점 느려져요. 번지점프를 해서 떨어질 때도 점점 빨라지고요. 이건 모두 지구가 물체를 계속해서 아래로 잡아당기기 때문이에요.
바이킹을 탈 땐 가운데 부분에 앉는 게 덜 무서워요. 양 끝보다는 가운데 부분이 적게 움직이기 때문이에요.

자동차

정답 79.③ 80.③ 81.②

자동차는 미끄러지지 않고 잘 멈추게 하기 위해 바퀴에 작은 홈들을 냈어요. 더 빨리 달리기 위해서는 모양을 유선형으로 만들었어요. 공기가 자동차 주위를 잘 지나다니도록, 뾰족한 앞에서 뒤까지 부드러운 곡선을 이루게 만든 거예요.

자동차를 움직이려면 휘발유가 필요해요. 휘발유는 엔진 속에서 불이 붙어 짧은 순간에 폭발해서 자동차를 움직이게 해요.

탈것들

정답 82.② 83.③ 84.①

배는 무거운 쇠로 만들었지만 물에 잘 떠요. 큰 그릇 모양으로 만들어 물이 배를 들어 올리는 힘을 크게 했기 때문이에요.

비행기 날개는 옆에서 보면 위는 볼록하고 아래는 평평해요. 그러면 공기가 아래보다 위에서 더 빠르게 지나며 날개를 들어 올리는 힘이 생겨 비행기가 날게 돼요.

로켓은 연료에 불을 붙여 아래로 연기를 내뿜는데, 이 연기가 땅을 밀어 내는 힘으로 날게 돼요.

180~181쪽 정답이야.

집중탐구 퀴즈

문제를 잘 읽고 맞는 것을 골라봐. 쉽지 않을걸!

도구 1

도구 2

85 칼로 종이도 자르고 과일도 깎아. 칼은 왜 물건을 자를 수 있을까?

① 모양이 납작해서
② 얇고 길어서
③ 칼끝이 날카로워서

86 가위는 꼭 손잡이가 두 개야. 왜 그럴까?

① 여러 개의 손가락을 쓰려고
② 가위 날이 서로를 지탱하려고
③ 손을 보호하려고

87 다음 중 풀로 붙일 수 없는 것은 무엇일까?

① 색종이와 공책
② 엽서와 우표
③ 숟가락과 젓가락

88 연필은 종이에는 잘 써지지만 밥그릇에는 잘 써지지 않아. 왜 그럴까?

① 밥그릇의 겉이 매끄러워서
② 밥그릇의 겉이 메말라서
③ 연필심이 부드러워서

89 지우개는 연필로 쓴 글씨를 지워. 어떻게 지울까?

① 글씨 가루를 떼어 내서
② 글씨를 녹여서
③ 글씨를 하얗게 가려서

90 볼펜 글씨는 왜 지우개로 못 지울까?

① 볼펜의 잉크가 무거워서
② 볼펜의 잉크가 다 스며들어서
③ 볼펜의 잉크가 종이에 섞여서

종이

시간

91 우리가 쓰는 공책의 종이는 무엇으로 만드는 걸까?

① 쇠 ② 나무
③ 동물의 가죽

92 비닐은 물에 안 젖지만 종이는 물에 잘 젖어. 왜 그럴까?

① 종이에 틈에 많아서
② 종이가 얇아서
③ 종이가 빳빳해서

93 구겨진 종이는 다시 펴도 구김이 남아. 왜 그럴까?

① 종이 알갱이가 끈적거려서
② 종이 알갱이가 약하게 붙어 있어서

94 재미있게 놀 때는 시간이 천천히 갔으면 좋겠어. 시간의 빠르기를 맘대로 바꿀 수 있을까?

① 있어. ② 없어.

95 과거로 되돌아가서 시험을 잘 보고 싶어. 과거로 갈 수 있을까?

① 있어. ② 없어.

96 미래로 가서 내가 무엇이 될지 알고 싶어. 미래로 갈 수 있을까?

① 과거로 가는 것처럼 불가능해.
② 이론적으로는 가능해.

정답과 해설은 뒤쪽에 있어.

집중탐구 퀴즈 정답 & 해설

도구 1

정답 85. ③ 86. ② 87. ③

우리는 물건을 자르려고 칼에 힘을 줘요. 이 힘은 날카로운 칼날에서 더 세게 물건을 눌러서 물건이 쉽게 잘리게 해요.

가위는 칼보다 물건을 더 쉽고 잘 자를 수 있어요. 그건 두 칼이 서로를 지탱하며 시소처럼 움직이기 때문이에요.

풀은 종이의 틈에 스며들어서 굳어 종이를 붙여요. 하지만 종이처럼 틈이 많지 않은 숟가락과 젓가락은 못 붙여요.

도구 2

정답 88. ① 89. ① 90. ②

연필심은 흑연이라는 부드러운 물질로 만들어요. 연필로 종이에 글씨를 쓸 수 있는 건 흑연이 종이에 얹어져 살짝 달라붙기 때문이에요. 하지만 밥그릇처럼 매끈한 면에는 흑연이 잘 달라붙지 않아서 글씨가 써지지 않아요.

지우개는 종이에 달라붙어 있는 흑연을 떼어 내요. 하지만 볼펜 잉크는 너무 작아서 종이에 스며들어 버려서 떼 내지 못해요.

종이

정답 91.② 92.① 93.②

종이는 나무로 만들어요. 나무를 아주 잘게 잘라서 죽처럼 만든 다음 얇은 망으로 쳐내서 말리면 종이가 돼요.

종이엔 작은 틈이 많아서 물이 잘 스며들어요. 그래서 종이를 비닐로 감싸 물에 젖지 않는 종이를 만들기도 해요.

종이 알갱이들은 힘을 주면 서로 잘 떨어져요. 그래서 구겨진 종이는 다시 펴도 원래처럼 매끈해지지 않아요.

시간

정답 94.② 95.② 96.②

놀 때는 시간이 빨리 가는데 공부할 때는 시간이 천천히 가는 것 같아요. 하지만 이건 시간에 대한 느낌일 뿐이지 시간의 빠르기가 변한 건 아니예요.

우리는 영화에서처럼 시간 여행을 할 수 있을까요? 과학자들의 연구에 따르면, 이론적으로 우리는 과거로는 못 가지만 미래로는 갈 수 있대요. 하지만 미래로 간다면 다시는 현재로 못 돌아온대요. 현재는 미래의 과거니까요.

184-185쪽 정답이야.

교과서 도전 퀴즈

학교 시험에는 어떻게 나올까? 도전해봐!

정답 190쪽

1 그림자의 크기 변화 3학년

(가) 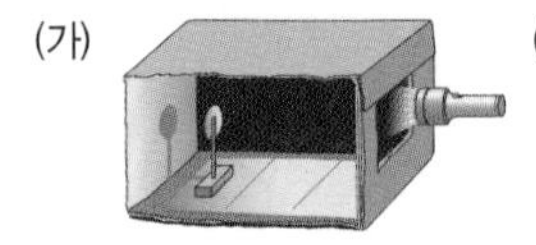 (나) 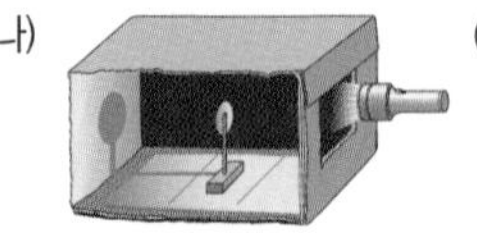 (다) 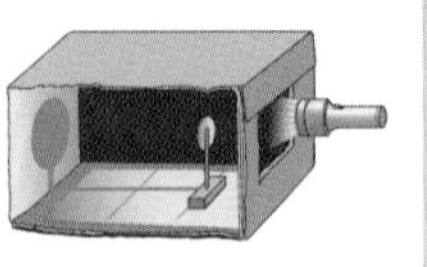

1. 손전등과 물체 사이의 거리가 긴 것은 (가)이다. (○, ×)
2. 손전등과 물체 사이의 거리가 가장 짧은 것은 (다)이다. (○, ×)
3. 손전등과 물체 사이의 거리가 짧을수록 그림자의 크기가 작다. (○, ×)

2 간단한 온도계 만들기 3학년

- 스포이트로 빨간색 물감을 탄 물을 요구르트 병에 넣는다.
- 긴 빨대를 요구르트 병의 구멍에 꽂는다.
- 고무 찰흙으로 빨대 주변을 새는 곳이 없도록 막는다.
- 흰 종이에 빨대를 끼운 다음, 따뜻한 물과 찬물에 넣어 본다.

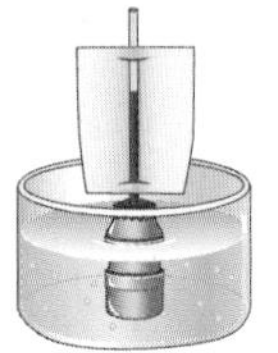

1. 온도계를 따뜻한 물에 넣으면 빨대 속 물의 높이가 높아진다. (○, ×)
2. 요구르트 병은 실제 온도계에서 머리부와 같다. (○, ×)

190쪽 정답 5 1. ○ 2. × 3. ○ 6 1. ○ 2. × 3. ○

3 바람의 방향 3학년

- 바람의 방향은 바람이 불어 오는 쪽의 방위로 나타낸다.
- 화살표로 나타낼 때에는 바람이 불어 가는 쪽으로 화살표를 그린다.
- 풍향계의 화살이 가리키는 쪽이 바람의 방향이다.

1. 남풍이 불 때 바람이 불어 오는 방향은 남쪽이다. (○ , ×)
2. 오른쪽 그림은 서풍을 표시한 것이다. (○ , ×)

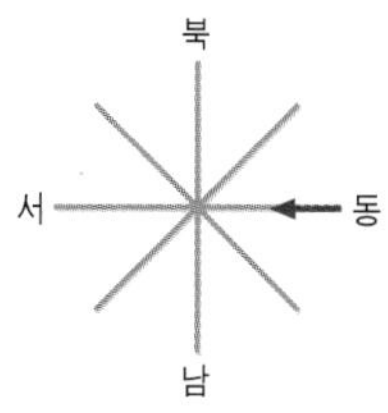

3. 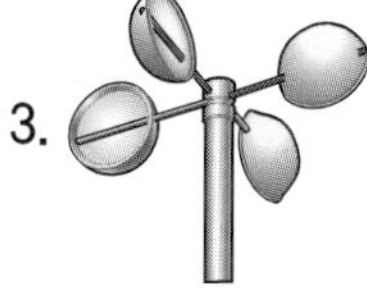 왼쪽 그림의 풍속계는 바람의 방향을 측정한다. (○ , ×)

4 양팔 저울로 무게 비교 4학년

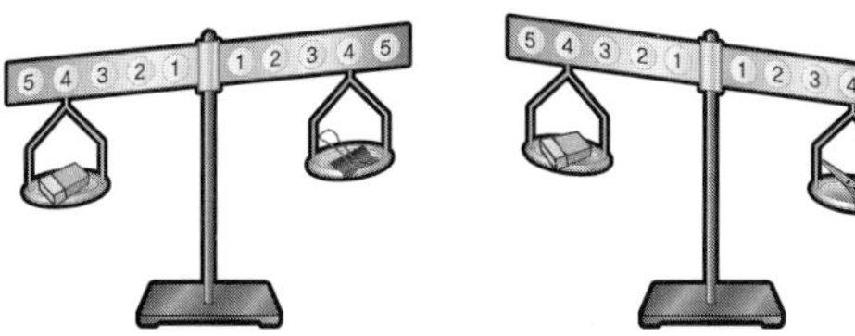

1. 지우개는 집게 보다 무겁다. (○ , ×)
2. 기위는 지우개 보다 가볍다. (○ , ×)
3. 세 가지 물체 중 지우개가 가장 가볍다. (○ , ×)

191쪽 정답 7 1.○ 2.○ 3.○ 8 1.○ 2.× 3.○

교과서 도전 퀴즈

학교 시험에는 어떻게 나올까? 도전해봐!

정답 188쪽

5 용수철의 길이 변화 4학년

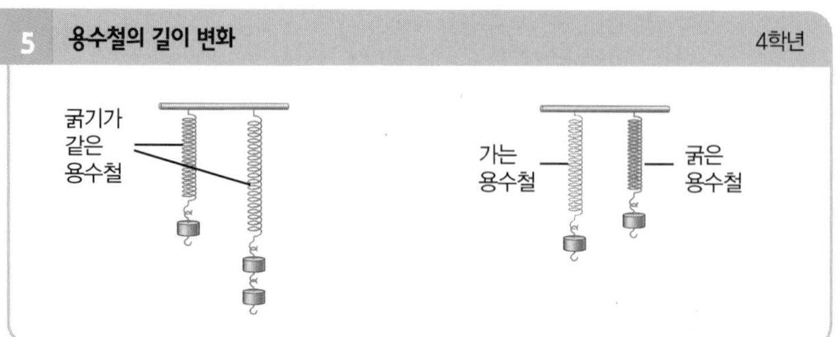

1. 용수철을 늘이거나 줄이는 데 힘이 필요하다. (○ , ×)
2. 용수철에 매단 물체의 무게가 무거울수록 용수철이 덜 늘어난다. (○ , ×)
3. 용수철이 가늘면 많이 늘어나고, 용수철이 굵으면 적게 늘어난다. (○ , ×)

6 열에 의한 부피 변화 4학년

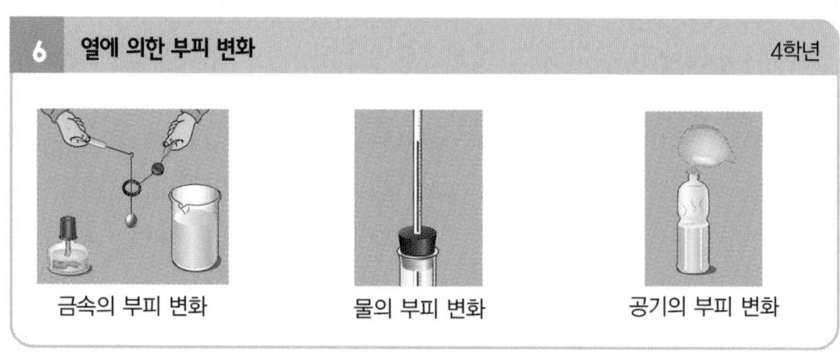

1. 쇠구슬을 식히면 부피가 줄어들어 쇠고리를 빠져나간다. (○ , ×)
2. 물을 식히면 시험관 속 물의 부피가 늘어난다. (○ , ×)
3. 고무 풍선을 끼운 페트병을 뜨거운 물에 넣으면 고무 풍선이 팽팽해진다. (○ , ×)

188쪽 정답 **1** 1. ○ 2. ○ 3. × **2** 1. ○ 2. ×

7 열의 이동 4학년

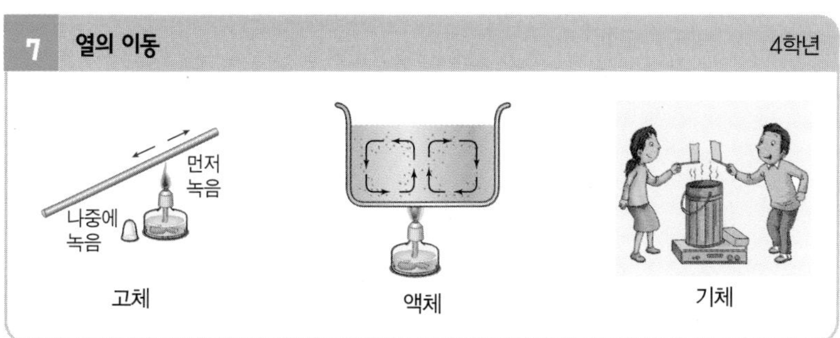

1. 금속 막대 위 촛농은 가열한 곳부터 녹기 시작한다. (○ , ×)
2. 아래쪽에서 데워진 물은 위로 올라가고, 위에 있던 찬물은 아래로 내려와 전체가 데워진다. (○ , ×)
3. 난로 위의 종이 깃발이 가장 잘 펄럭인다. (○ , ×)

8 물체의 속력 5학년

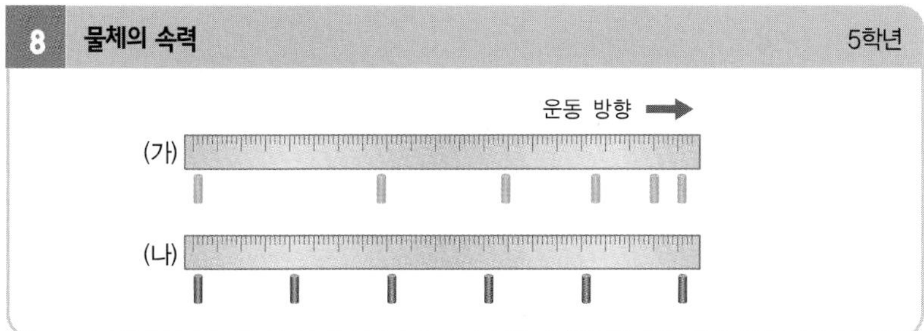

1. 빨대 사이의 간격이 좁을수록 물체의 속력이 느리다. (○ , ×)
2. (가)는 물체의 속력이 짐짐 빨라진 것이디. (○ , ×)
3. (나)는 물체의 속력이 일정한 경우이다. (○ , ×)

189쪽 정답 3 1. ○ 2. × 3. × 4 1. ○ 2. × 3. ×

마법천자문 과학 퀴즈북 6 – 생물과 에너지

글 아울북 초등교육연구소
삽화 서규석

1판 1쇄 인쇄 2009년 9월 10일
1판 1쇄 발행 2009년 9월 18일

펴낸이 김영곤
펴낸곳 (주)북이십일 아울북
개발실장 이유남
기획 개발 신정숙, 김수경, 조국향, 안지선, 이장건
마케팅 김보미, 이태화, 오하나
영업 이희영, 김태균, 정원지, 김준영
디자인 표지_최은, 본문_이선주
편집 다우

주소 경기도 파주시 교하읍 문발리 파주출판문화정보산업단지 518-3(413-756)
연락처 031-955-2708(마케팅), 031-955-2116(영업), 031-955-2157(내용문의)
홈페이지 www.keystudy.co.kr
출판등록 제10-1965호

값 8,500원
ISBN 978-89-509-1983-2
ISBN 978-89-509-1992-4(세트)